KB014047

네잎클로버 편들기

– 장애학생들과 함께하는 행복한 교단수필 –

전선주 지음 ㅣ 이수복 그림

학지사

머리글

....

　오래 전에 『꺼야 꺼야 할꺼야』 라는 교단 수필집을 내었다. 그 후에도 변함없이 장애학생들을 주로 만나는 교사로서 어떻게 하면 학교와 사회에서 장애인들의 이야기를 환하게 전할까 노력하였다. 그러한 과정을 통하여 아직 부족함은 있지만 주변 환경은 많이도 변하였고 희망의 싹은 돋아났으며 예쁜 꽃들이 피어나는 것을 보았다.

　때로는 장애인들의 삶이 힘들고 어려움이 있기도 하지만 일반사람들의 생각처럼 불행한 모습만이 아니다. 그 속에서도 누구나 꿈과 희망과 웃음이 있고 서로를 생각하는 따뜻한 사랑이 있다. 나는 그러한 모습을 세상에 전하고 싶고 그들을 이해하는 데 작은 도움이 되었으면 한다.

요즘은 대학에 특수교육이나 사회복지 또는 관련학과가 많이 개설되어 있고 전문적인 서적도 많이 나오고 있어 장애인과 관련한 정보들을 많이 접할 수 있다. 하지만 이 사회에서 자신과 장애는 관련이 없다고 생각하는 사람들이 많고, 설령 관심이 있다고 해도 가볍게 접할 수 있는 책들은 너무도 부족하다.

나는 이 책을 통하여 장애인들에 대하여 작은 관심이라도 있으신 분들에게 소중한 희망을 주고 싶다. 그리고 사람을 대할 때 나와 다른 것은 틀린 것이 아님을 알고 남을 배려하는 사회는 곧 나를 배려하는 것임을 조용히 공감하며 나누고 싶다.

우리들은 길가에서 네잎클로버를 만나면 행운이라고 좋아한다. 하지만 그들은 클로버 세계의 장애클로버라는 것을 미처 생각하지 못한다. 이 땅에서 우리가 만나는 모든 사람에게 행복이 있길 소망하며, 그 속에서도 행운이 있는 사람을 미소로 만날 수 있길 바란다.

이 책을 내며 항상 나의 길을 갈 수 있도록 옆에서 힘을 주는 사랑하는 아내 이명숙과 아들 다울, 딸 한울에게 고마움과 미안함을, 부족한 책을 위해 그림을 그려 주신 이수복 선생님, 책을 세상에 내보내 주신 학지사 김진환 사장님, 지금 얼굴들이 떠오르는데 주변에서 미소로 격려하며 함께하는 멋지고 예쁜 분들께 고마움을 전하고 싶다. 모두 모두 사랑합니다.

2010년
전선주

네잎클로버 편들기

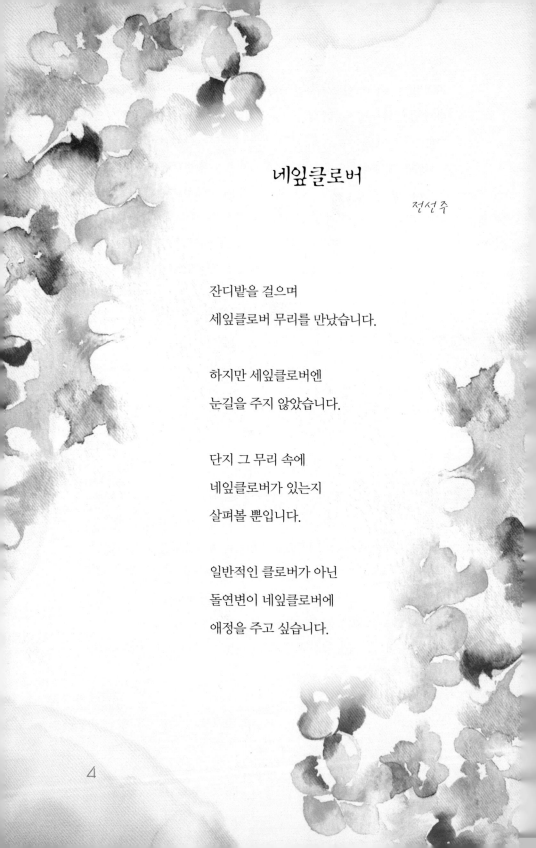

네잎클로버

전선주

잔디밭을 걸으며
세잎클로버 무리를 만났습니다.

하지만 세잎클로버엔
눈길을 주지 않았습니다.

단지 그 무리 속에
네잎클로버가 있는지
살펴볼 뿐입니다.

일반적인 클로버가 아닌
돌연변이 네잎클로버에
애정을 주고 싶습니다.

소년시절 네잎클로버가
행운을 준다는
의미가 생각나서가 아닙니다.

세잎클로버 속의 돌연변이는
몇 만분의 일이란
확률을 가진 귀한 존재랍니다.

클로버 세계의
스타를 찾고 있습니다.
이 세상에도
네잎클로버의 모습들이
귀하게 여겨지길 바라면서

차 례
CONTENTS

머리글 3

장애인도 당당하게 9　　'정신지체'와 '지적장애'란 11　　자연학습원에서 13

감자 삶기 17　　불쌍한 감 19　　틱(tic)이란 21　　어묵 끓이기 23　　'통합교육'

이란 25　　웃으며 삽시다 28　　장애학생들과 수업 30　　학예회에서 이런 일이 32

통합교육을 했어요 34　　'다운 증후군' 이란 36　　가을바람 38　　독서와 독서

치료 40　　새로운 만남 42　　자폐아 동생을 둔 희주의 고민 44　　우리들이

해야 할 배려 100가지 49　　눈물나게 감동적인 학교 이야기 57　　사탕과 구

충제 65　　오늘 같은 스승의 날에는 67　　모두가 다른 곳을 보아도 69

햄버거 만들기 71　　현장 체험학습을 하며 73　　소변보고 막 울어요 75　　네가

민영환이냐 77　　'소아마비' 란 81　　수영과 여름방학 83　　행복한 만남 84

장애학생과 생활중심 교육 85　　숫자를 몰라도 88　　가을 운동회 89　　감 이

야기 91　　장애아이의 조기교육 93　　낙엽을 날려요 95　　어떻게 할까 96

늦가을에 알밤을 생각하며 97　　신발 신기 99　　'자폐성 장애'란 101　　장애

아이의 부모마음 103　　새로 만난 친구들 105　　엄마는 나쁜 생기 107　　머리 잘

린 장미꽃 109   쿠키 만들기 111   교생과 아이들 113   공부는 싫어요 115

'레트 증후군'이란 117   강낭콩 이야기 120   아버지되기 121   「장애인복지

법」이란 123   하나의 모습에 빠지면 125   아이들이 가는 하늘나라 127   '의사

소통장애와 언어장애'란 129   1박 2일 차차차 131   하늘나라로 간 천사 134

'반응성 애착장애'란 136   통합교류교육 138   통합교육의 효율적인 방안 140

지역사회에서 함께 살아가기 143   사회통합을 위하여 145   호박전 147   일반

학교에서 통합교육 149   왜 통합교육을 해야 할까 151   좋은 점이 많아요 153

'청각장애'란 156   데모하는 녀석들 158   와! 개학이다 160   '시각장

애'란 162   자율통학훈련을 하며 164   친구이름 쓰기 166   보청기에 대

하여 167   강아지도 웃는데 169   정신지체(지적장애) 아이의 학습조건 170

숟가락질 잘 못했다고 쫓겨나 172   즐거운 체육수업 174   인생을 마감하는 사

람들 176   후지산을 바라보며 178   '지체장애'란 179   전근을 하며 182

'정서·행동장애'란 184   함께하는 통합교육 186   떡꼬치 만들기 188   달란

트 교육 189   제자가 전해준 편지 191   타조인형이 무서워 193   '학습장

애'란 195   10년 만에 제자가 부르는 이름 197   꺽인 고추의 꿈 199   간질

(경기)장애'란 201   간질의 예방과 대처 203   오직 한길 38년 205   묶인

의자 206   주먹밥 만들기 207   맛있는 것 아끼기 208   운동회와 달리기 210

종이를 자꾸 찢는 아이 213   삼겹살 굽기 216   초등학교에서 함께해요 218

'긍정적 행동지원(PBS)'이란 220   할머니와 사탕 222   주사위와 가감산

놀이 224   한통연 선생님의 열정 226   우리 주변에는 없기를 229   '행동

수정'이란 231   장애이해 교육 233   다시 돌려주세요 235   비오는 날의 수

학공부 237

장애인도 당당하게

요즘 일부에서는 장애인의 자기결정권에 대해 이야기하는 사람들이 많아지고 있다. 장애인의 자기결정권은 1999년 미국에서 시작되었는데, 지역사회에서 생활하고 싶은 장애인에게 장애인시설에서 생활하도록 하자 해당 장애인은 이에 대해 법적으로 이의를 제기하였고 승소함으로써 주변에서도 그들의 권리를 찾아 주자는 운동이 일어난 것이 대표적이다.

내가 만나는 학생들 중에는 지적장애와 정서·행동장애를 가지고 있는 경우가 많은데 그중에서도 자신만의 고집을 피우며 생활하는 학생들이 가장 많다. 예를 들어, 식사시간에 자신이 좋아하는 음식(주로 고기)만을 먹겠다고 떼를 쓰며 자꾸 더 달라고 하는 학생이 있다. 또한 자신이 좋아하는 놀이기구만 이용하겠다는 학생이나 재미있는 특정 학습자료만을 가지고 놀겠다고 고집을 부리는 학생도 있다. 그러나 저자는 이렇게 자기주장만 하는 경우에 대해 이야기하고자 하는 것은 아니다.

학교에서도 마찬가지겠지만 사회시설을 이용하는 장애인들에게 가끔 생활의 불편함을 물으면 장애인 편의시설의 불편함에 대해 이야기하는 분들이 있다. 물론 장애인에게 불편한 시설은 보완하여 유용하고 편리하게 사용할 수 있도록 보완해야 한다. 하지만 우리 주변을 돌아보면 장애를 가진 많은 분들이 불편하거나 불평등하거나 불합리한 일에도 말없이 묵묵하게 그리고 당연하게 받아들이는 경우를 보게 된다.

사실 장애를 가진 분들이 말해주지 않으면 일반사람들은 무엇을 도와주어야 할지 모를 때가 많다. 그리고 요구하지 않으면 불편함이 별로 없다고 착각을 하기도 한다. 그래서 나는 할 수만 있다면 장애인들이 자신들의 불편한 사항에 대해 자꾸 표현해 주기를 바라는 마음이다. 불평이 아니라 우리나라의 한 시민으로서 또한 사회공동체의 한 일원으로서 필요함을 당당하게 웃음으로 요구할 수 있었으면 한다.

그림 **이수복**

'정신지체'와 '지적장애'란

정신지체와 지적장애는 서로 다른 장애가 아니라 같은 장애명이다. 장애인에 대한 특수교육법에서는 '정신지체'로, 「장애인복지법」에서는 '지적장애'로 분류하고 있다. 교육과 복지라는 법의 목적이 다르다 보니 분류도 다르게 된 부분이 많다.

연세가 많으신 분들 중에는 정신지체 아동을 '정신박약아' 또는 '정박아'라고 부르는 경우가 아직 있다. 그러나 교육적인 차원에서 정박아는 굳세지도 못하고 약하다는 인상을 갖게 되므로 인간존중 사상과 긍정적 교육관을 위해 '정신지체'로 호칭이 바뀐 것이다. 물론 정신지체를 가리켜 '바보'라고 표현하는 경우도 있고, 일반사람들이 실수하면 "에이~ 바보" 하며 가볍게 농담으로 사용하는 경우도 있다. '정신지체'란 현재 정신적으로 지체되어 있을 뿐 앞으로 지적인 발달의 가능성이 있음을 내포하고 있는 것이다.

우리나라는 정신지체의 개념으로 미국(AAMR, 2002)에서 정한 "정신지체는 지적 기능과 개념적·사회적·실제적 적응기술로서 표현되는 적응행동 양 영역에서 유의미한 제한성을 가진 장애로 18세 이전에 시작된다."라는 정의를 받아들이고 있다. 즉, 발달기인 18세 이전에 나타나며 적응행동에 결함을 수반하고 일반적인 지적 기능이 평균 이하를 나타내는 것을 의미한다. 여기서 우리가 주의해야 할 것은 18세 이후에 어떤 사고나 질병으로 정신지체의 특징을 나타낸다 해도 정신지체라고 하지 않는다는 것이다. 특히 적응행동에 전혀 이상이 없다면 지능이 낮아도 정신지체라고 하지 않는다.

「장애인 등에 대한 특수교육법」에서는 '정신지체'란 "지적 기능과 적응행동상의 어려움이 함께 존재하여 교육적 성취에 어려움이 있는 사람"이라고 했고, 「장애인복지법」에서는 "정신발육이 항구적으로 지체되어 지적능력의 발달이 불충분하거나 불완전하고 자신의 일을 처리하는 것과 사회생활에 적응하는 것이 상당히 곤란한 사람"이라고 정의하고 있다.

많은 사람들 중에, 특히 의사나 특수교육 분야를 조금이라도 안다는 사람들은 잘못된 습관을 하나씩 가지고 있는데, 그것은 어떤 아이가 특정 부분에서 일반 아이와 다르다거나 특이 성향을 보인다고 판단되면 그 아이에게 장애명 꼬리표를 달아 주려고 하는 것이다. 예를 들어, 학교에서 공부를 못한다는 이유로 정신지체가 아닌 아이를 정신지체로 취급하여 아이의 마음에 깊은 상처를 주는 경우다. 또한 주의가 산만하고 조금 특별한 행동을 보이면 '자폐아'라고 단정짓거나 'ADHD(주의력 결핍·과잉행동 장애)'라고 하는 경우다. 심지어 자폐의 의미를 모르면서도 이러한 아이를 정신병자로 취급하는 사람들까지 생겨나고 있다.

우리는 특정 아이가 조금은 남다른 행동을 보인다 할지라도 그 아이에게 장애와 관련한 꼬리표를 붙여 부르기보다는 먼저 있는 그대로를 받아들일 수 있는 열린 마음을 가져야 한다.

자연학습원에서

경기도 가평에는 한국경진학교에서 운영하는 자연학습원이 있다. 산골에 아담하게 자리 잡은 자연학습원은 몇 년 전에 폐교된 2층 건물이다. 조그마한 운동장 주변에는 큰 잣나무 몇 그루가 바람을 막아주며 지키고 있고, 자연학습원 뒤에는 여름에 물장구치고 물고기 잡기에 좋은 계곡이 있다. 아침 일찍 일어나 주변의 산을 둘러보면 밤사이 뭉게구름들이 산 계곡에 몰래 내려왔다가 이른 새벽에 머리를 풀고 올라가는 모습이 참 멋있는 곳이다.

우리는 1년에 두 번씩 이곳 자연학습원에서 수련활동을 한다. 학교가 있는 일산에서 거리가 좀 멀기는 하지만 사실 교사보다 아이들이 더 좋아하는 곳이라는 생각이 든다. 그래서 이곳에서 생활하는 모습을 소개하고 우리 주변의 사람들이 정서·행동장애 아이들의 생활을 이해하고 느꼈으면 하는 바람이다.

우리들은 지난 화요일 아침, 학교 버스를 타고 자연학습원으로 출발을 했다. 대부분의 아이들은 지난번보다 차분하게 버스 안에서 자리를 지켰고 떠날 때 엄마와 헤어지는 것을 안타까워했던 성호도 언제 그랬냐는 듯이 계속 흥얼흥얼 노래를 불렀다. 세 시간을 달려 자연학습원에 도착한 우리들은 컵라면을 먹었는데 모두들 배가 고팠는지 잘도 먹었다. 특히 상민이는 자신의 라면은 아껴 먹으면서 연신 다른 아이들의 라면을 더 달라고 교사를 따라 다녔다. 물론 그래서 몇 젓가락은 더 먹었지만 말이다.

식사 후에 우리들은 다시 버스를 타고 강원도 춘천의 소양강댐으로 향했다. 자연학습원에서 상당한 거리였지만 시원한 소양강과 배를 탄다는 기대감에 한껏 마음이 부풀어 있었다. 소양강에 도착하니 댐의 수위는 40m나 낮아져 우리는 배를 타기 위해 가파른 계단을 내려가야만 했다. 아이들은 유람선을 타며 기분이 좋은 듯 계속해서 떠들어댔다. 하지만 자리를 이동하는 아이들은 별로 없었고 특히 우리 반 아이들은 거의 없었다. 역시 우리 반 아이들은 배를 탈 때만큼은 꼭 배주인(선주)의 말은 더 잘 듣는 것 같다(?).

소양강에서 되돌아오는 길에는 비가 내렸다. 학교에서 소풍이나 운동회 날을 잡으면 그 날은 비가 온다는 말도 있었지만 이런 가뭄에 우리들의 활동에는 지장을 주지 않으면서 비를 뿌리니 이것은 아주 기분 좋은 비다. 물론 자연학습원에 도착해서는 비가 오지 않았고 우리들은 미리 준비된 저녁을 맛있게 먹을 수 있었다. 저녁밥을 제일 많이 먹는 성호는 세 번, 인호는 두 번, 나머지 아이들은 식당에서 주는 양만을 먹었다.

저녁에는 빔프로젝트를 이용하여 만화영화를 대형화면으로 보았다. 이 영화에는 공룡들이 많이 나오는데 중간마다 공룡같이(?) 큰 아이들이 자꾸 앞에 나가서 화면의 공룡들과 자신의 덩치를 견주어 보곤 했다. 영화를 보고 잠을 자기 전에 교사는 아이들을 씻기고 부담임은 아이들의 가방에서 옷과 침낭을 챙겨 주었다. 아이들의 가방은 예전보다 훨씬 간편해졌는데 이불대신 침낭을 준비해 온 덕분이었다. 메모까지 꼼꼼히 붙여가며 가방을 챙긴 주호는 어느 군인도 따를 수 없는 완벽한 가방정리의 모습을 보여 주었다.

이런 캠프에서 교사들은 아이들을 씻기고 준비물을 챙겨 주는 일이 상당히 어려운 것 같다. 또 아이들끼리 자꾸 바뀌는 물건, 이름도 없는 물건, 이런 것까지 보내나 싶을 정도로 잘 사용하지 않을 물건 등 다른 반과 같이 생활하므로 신경을 써야하는 부분들이 참 많았다. 행여 이번에는 바뀐 물건이 없는지 모르겠다.

아무튼 아이들은 밤에 그런대로 잘 잤다. 교사들은 모처럼 나온 야외이고 야밤이라 별 볼일(?)도 있고 해서 늦게까지 눈을 뜨고 자연학습원을 지켰다. 늦은 시간에는 다시 방에 들어가 아직도 올빼미 마냥 눈을 크게 뜨고 있는 아이들에게 자라고 손짓, 발짓, 눈짓을 하며 혹시나 다른 아이들의 잠을 깨울까 염려했다.

다음 날 오전 프로그램으로 팝콘, 감자튀김, 너겟 튀김, 핫케이크 만들기가 있었는데 아이들은 엄청 먹고 또 먹곤 했다. 특히 우리 반의 누구는 큰 것(?)을 눌까하여 그만 먹으라고 절제시키기도 했다. 너무 먹고 자주 실수를 하는 녀석이기 때문이다. 그래도 아이들은 음식을 만들어 먹는 것이 마냥 즐거운가 보다.

버스를 타고 학교에 도착하니 염려와 반가움으로 아이들을 기다리는 엄마들이 있었고 엄마의 얼굴을 발견한 아이들은 신나게 소리를 쳤다. 이번 자연학습원 생활은 이전의 경험과 장소의 익숙함 덕분에 아이들이 불안해하는 경우가 드물었다. 그래서 멀리 도망가는 아이도 없었고 비교적 자신의 할 일들을 잘하고 잘 따라 주어 아이들이 대견스러웠다. 앞으로도 우리 반 친구들에게 이런 기회가 더욱 많았

으면 좋겠고 늘 아이들을 염려하시는 부모님들도 편한 마음을 가지
셨으면 좋겠다.

　　"엄마! 우리들은 할 수 있어요. 더 많은 것을 경험하고 싶다고요."

감자 삶기

감자는 우리들의 식생활에서 너무도 친숙한 재료다. 그 요리방법도 다양한데 삶아 먹고, 볶아 먹고, 튀겨 먹고, 으깨서 빵에 발라 먹는 등 형태도 다양하다.

오늘은 요리하기 전에 먼저 생감자의 껍질을 학생들에게 직접 벗겨보도록 하였다. 물론 감자 깎는 도구가 있어 아이들은 큰 위험도 없고 거부감도 없이 감자 하나씩을 배당받아 열심히 깎았다.

다른 학습에서는 짜증을 내며 하지 않으려는 학생도 이런 일에는 신이 나서 열심이었다. 특히 정식이는 의욕이 넘쳐 감자 껍질을 모두 깎고도 계속해서 감자살을 깎아 나갔다. 그래서 감자가 자꾸 작아졌고, 껍질을 벗기지 않은 다른 감자를 계속 제공해야 했다. 자신이 가지고 있던 감자를 모두 깎았으면 다른 감자를 달라고 하던지 교사 앞에서 새 감자를 가져가던지 해야 하는데 너무 한 가지 행동, 한 감자에만 집중하는 모습이 약간 안타깝게 느껴졌다. 하지만 아이들은 의외로 감자 깎는 일을 잘했고 살림꾼다운 모습을 보이기도 했다.

감자의 껍질을 모두 벗긴 후에는 냄비에 감자를 넣고 삶아서 학생들과 같이 나누어 먹었는데 정식이는 맛있다는 듯이 감자를 들고 이쪽 한 입, 저쪽 한 입을 돌려가며 먹었다. 감자에 관심이 없는 한 학생을 제외하고는 기본적으로 하나 이상을 모든 학생이 먹었다.

학교수업에서 이런 생활수업이 많으면 많을수록 학생들은 더욱 재미있게 수업에 참여할 수 있겠지만 어른들은 학습이 되지 않는 국어 공부, 수학 공부를 날마다 하자고 하니 지적장애, 자폐성 장애를 지닌 학생들의 입장에서는 속이 터지는 일이 아닐 수 없다.

학생들아! 그래도 어떡하니? 이 험한 세상을 살아가려면 숫자를 벗어날 수 없고, 우리들이 사용하는 한글도 버리고 생활할 수 없는 것이 현실인 걸 말이다. 좋아하는 피자도 돈이 있어야 먹고, 버스나 지하철도 목적지를 읽어야 편하게 이용할 수 있으니 오늘도 공부하자.

불쌍한 감

오늘 과학시간에 씨앗 관찰하기를 하였다. 가을에 나는 풍성한 과일 중에서 흔하게 먹을 수 있는 과일들의 씨앗을 관찰하기로 한 것이다. 올해 우리 반은 중학교 1학년 학생들이기 때문에 발달장애를 가지고 있다 해도 과일의 특징이나 맛에 대해서는 어느 정도 알고 있었다.

준비물로 감, 사과, 배, 대추, 밤을 준비하여 쟁반에 올려놓고 실물을 확대할 수 있는 화상기를 설치하였다. 그리고 과도와 문구 칼을 들고 아이들 앞에서 과일을 해부⑺하였다. 바로 앞에 있는 녀석은 벌써부터 군침을 흘리며 관찰보다는 먹고 싶어 안달이 나 있었다. "여러분! 이 배 안에 씨가 있을까요? 없을까요?" 어떤 아이는 있다고, 어떤 아이는 없다고 대답하였다. 과도로 둥근 배를 나누어보니 한 가운데에는 까만색의 작은 배씨가 나란히 누워 웃으며 자신들을 보여주고 있었다. 아이들은 "거봐, 있잖아." 하며 배의 단면을 신기하게 쳐다보았다.

다음으로 주황색으로 곱게 익은 단감을 집었다. 이제 과일 안에는 무조건 씨가 있다고 아이들은 대답하였다. 이윽고 과도로 감의 반을 나누어 아이들에게 보여 주었다. 아니! 그런데 감씨가 보이지 않았다. 그래서 반쪽이가 된 감을 가로로 놓고 다시 잘랐다. 역시 보이지 않았다. 교사는 다시 남은 반쪽의 감을 놓고 가로로 잘랐다. 역시 감씨가 보이지 않았다. 아이들은 놀라고 실망한 얼굴이 역력했다. 잠시 후 우리 반의 반장아이가 말했다.

"선생님! 불쌍해요."

"뭐가 불쌍한데?"

"감이요."

"왜?"

"씨가 없잖아요. 씨가 없으면 다시 나무로 자라지도 못하니까 불쌍한 거죠!"

예상하지 못한 아이의 생각과 대답에 한편으로는 놀랐지만 기특하기도 했다. 그리고 사람들이 먹기 좋게 하려고 씨 없는 품종을 만들었다는 설명을 하는데 앞에서는 계속 과일을 노리던 아이가 벌써 대추를 입에 넣고 오물거리고 있었다. 그래도 감씨 관찰은 계속되어야 하기에 다른 감을 집어 들고 잘라보았다. 물론 감씨가 나왔고 감씨의 색깔, 모양, 크기 그리고 감씨 안의 씨눈까지 아이들과 같이 관찰하였다. 다시 우리 반 한 아이가 감씨 안의 씨눈을 보고 말했다.

"선생님! 숟가락 같은 모양이 이상하네요."

정말 감씨 안의 씨눈은 누가 보아도 숟가락을 닮은 모습을 하고 있었다.

틱(tic)이란

오래전 내가 총각 때 있었던 일이다. 어느 날 나는 예쁜 아가씨를 만나게 되었다. 물론 연인으로 만나는 것은 아니었지만 만나서 이런 저런 이야기를 나누게 되었다. 그러던 중 갑자기 이 아가씨가 나에게 윙크를 하는 것이었다. 나는 기분이야 좋았지만(?) 그 아가씨와는 그런 사이도 그러한 상황도 아니어서 적잖이 당황을 했다. 알고 보니 그 아가씨는 왼쪽 눈을 가끔 깜박거리는 틱 증상을 가지고 있었고 너무도 순간적이어서 자신도 모르게 그렇게 된다는 것이었다.

'틱'이라는 단어는 상당히 생소하게 느껴질지 모르겠지만 이와 같이 때와 장소를 가리지 않고 나타나며, 대부분 유아기 또는 아동기에 많이 발생하는 희귀증상이다. 아이들이 아무 목적이나 이유도 없이 유난히 눈을 깜빡거린다든지 고개를 흔드는 것을 보면 어른들은 그렇게 하지 말라고 충고를 한다. 하지만 그 아이는 잠시 후에 또다시 눈을 깜빡거리거나 고개를 흔드는 모습을 보이는 경우가 종종 있다.

틱이라는 단어를 사전에서 찾아보면 "뇌의 기질적 장애나 정신적 원인에 의해 안면이나 근육 또는 근육군에 일어나는 습관적 경련이나 당김"이라고 쓰여 있다. 일반적으로 틱은 "안면근 긴장 또는 안면 신경통"이라고도 불린다. 이것은 일정 근육군에 돌연히 목적없이 급속히 일어나는 불수의적 연속운동이며 본인이 틱 현상을 알고 중지하려고 해도 중지되지 않는 것이 특징이다.

틱의 증상은 여러 가지인데, 예를 들면 얼굴 씰룩거리기, 눈 깜빡이기, 머리 흔들기, 코를 킁킁거리기, 어깨를 으쓱거리기, 팔 흔들기, 얼굴 뒤틀기, 이상한 소리내기 등 다양하게 나타난다. 또한 틱 현상은 감정적인 스트레스를 받으면 더욱 심해지는 경향이 있다. 그러한 습관적이고 단순한 틱은 어린이에게 자주 보이나 일시적인 현상일뿐 저절로 사라지는 경우가 많다. 그리고 틱 증상 중에 갑자기 욕이 튀어 나오는 경우도 있는데 독자 중에 이런 일을 당하더라도 오해는 하지 말길 바란다.

그러나 아동기 이후에도 이러한 틱 증상이 계속적으로 나타난다면 이 또한 심각한 병이 될 수 있다. 그러므로 틱의 현상을 치료하기 위해서는 심리치료와 유희요법 등이 병행되어야 한다.

어묵 끓이기

　이번 주는 어묵을 끓여 먹기로 하였다. 그래서 가스레인지, 큰 냄비, 어묵, 무, 파, 빵 칼, 양념간장을 준비하였다. 사실 어묵을 끓이는 데는 교사나 학생들이 할 일이 많지가 않다. 왜냐하면 큰 냄비에 준비한 어묵을 넣고 끓이면 기본 요리는 끝나기 때문이다.

　그래서 요리 학습의 중점을 학생들과 어묵 자르기, 젓가락과 포크의 바른 사용법 그리고 어묵 맛있게 먹기 등을 중심으로 수업을 진행하기로 하였다. 교사는 학생들의 간식 그릇에 자르지 않은 익은 어묵을 2개씩 담아 주었다. 학생들은 자신이 가져온 빵 칼을 이용하여 큰 어묵을 적당한 크기로 자르고 그것을 간장에 찍어 먹으면 되는 것이었다. 안전사고의 예방을 위해 빵 칼을 주었지만 생각보다 학생들이 어묵을 적당히 잘라먹기란 쉬운 일이 아닌 것 같았다.

　어떤 학생은 어묵을 너무 작게 잘라서 꼭 다른 요리에 쓸 양념을 다지듯이 잘게 썰어 놓았다. 자신이 먹으려고 그러는지 그저 자르기에만 열중했는지는 몰라도 그것을 포크를 사용하여 먹고 있을 모습을 생각하니 저절로 웃음이 나왔다. 그래도 둥근 어묵은 잘 잘라 먹었다.

　그동안 교사나 부모는 어른의 입장에서 학생들이 스스로 할 수 있는 것도 기회를 주지 않고 편하게 학생들의 입에만 맞추어 주었다. 그래서 어묵을 적당하게 잘라서 먹는 것이 일부 학생들에게는 어려왔나 보다. 쉬운 것도 어려운 것도 가능하면 학생 자신이 해결하도록 기다려 주어야 하고 지도해야 하는데 그 기다린다는 것이 어려울 때가 있다.

'통합교육'이란

「장애인 등에 대한 특수교육법」에서 '통합교육'이란 '특수교육 대상자가 일반학교에서 장애유형, 장애 정도에 따라 차별을 받지 아니하고 또래와 함께 개개인의 교육적 요구에 적합한 교육을 받는 것'이라고 하였다. 하지만 포괄적인 의미로 보면 통합교육은 더 큰 의미를 가진다.

더 큰 의미라는 것은 장애를 가진 사람이 장애가 없는 일반사람들과 함께하며, 사회통합이라는 측면에서 학교뿐만 아니라 범사회적으로 장애인과 일반인이 동등한 입장에서 생활하는 교육상황을 일컫는다. 그래서 일반학교 뿐만 아니라 특수학교에 일반학생들이 같이 다닌다면 일반통합교육의 형태를 달리한 또 하나의 통합교육으로 보는 것이다.

예전 언젠가 일간지에 '청각장애 초등생 투신자살'이란 제목으로 사회면을 크게 채운 적이 있었다. 그 학생은 초등학교 5학년 여학생으로 전학한지 1개월 정도 밖에 되지 않은 난청아이였다. 보청기를 사용하고 있었고 우리처럼 일상적인 대화를 자유스럽게 하지는 못했지만 어느 정도 들을 수도 있는 상태의 아이였다.

그 여학생은 전학 전 청각장애아를 위한 특수학교에 다니면서 학교 적응도 잘하고 성적도 우수했으며 친구들과도 어려움 없이 잘 지냈다고 한다. 그런데 그 부모는 자신들의 딸을 일반 초등학교로 전학시켰다. 보청기를 착용하고는 있지만 일반아이들과 같이 생활하고 공부하면서 일반아이들과 같이 자랄 수 있도록 하기 위해서였다. 그러나 전학을 한 일반학교의 친구들은 날마다 바보다, 병신이다 하며 이 초등학생을 놀리고 따돌렸으며 친구로 받아 주지 않았다. 결국 초등학교 5학년인 그 여학생은 아파트에서 뛰어 내려 자신의 친구들과 사회의 냉대를 죽음으로 호소하였다.

누구는 이 초등학생이 특수학교에 계속 다녔으면 될 것을 그 부모는 왜 일반학교로 보냈을까 하는

그림 이소록

26

의문을 가질 수도 있다. 그러나 나는 그것은 결과론적인 무책임한 입장이고 그 부모가 일반학교로 전학을 시킨 것은 정말 잘한 일이며 바른 생각이라고 생각한다. 문제는 그 반의 학생들, 학교, 사회, 국가 그리고 우리들의 편견과 아집인 것이다.

그 부모가 청각장애인 딸을 일반학교에 전학시킨 것은 바로 통합교육을 위해서였다. 통합교육의 방법에는 여러 가지가 있지만 기본적으로 장애아이와 일반아이가 같이 공부하고 생활하면서 함께 어울려 살 수 있도록 하는 것이다. 외국의 선진국은 장애아이 교육을 통합교육으로 실시하는 것이 기본이며, 장애가 심하여 어쩔 수 없는 경우에만 일시적인 분리교육을 제공한다.

물론 우리나라에서도 법적으로 장애아이가 일반학교에 갈 수는 있다. 그러나 일반학교에서 특수학교로 다시 전학하는 모습을 종종 보게 된다. 그 이유는 여러 가지가 있지만, 우선은 장애아이에 대한 이해부족, 학교 교실환경의 준비 미숙으로 장애아이와 부모가 겪는 고통이 크기 때문이다.

우리들은 왜 그렇게도 장애인들과 함께하지 못하는 것일까?

웃으며 삽시다

장애아이들과 같이 지내다 보면 날마다 다양한 사건과 엽기적인 모습을 자주 접하게 된다. 우리들은 일상적으로 생활하며 대하는 일들이 정서 · 행동장애 아이들에게는 그렇지 못한 경우가 참 많다. 그러한 모습이 때로는 교사에게 웃음을 주기도 하지만 실생활은 그렇지 못한 경우가 더욱 많다.

예를 들면, 아이들과 같이 길을 걷다가 한 아이가 갑자기 차도로 뛰어들려고 한다든지, 길가의 어린 유아를 보고 자신은 좋은 표현일지라도 유아를 밀어 올린다든지, 누가 맛있는 것을 먹고 있으면 모르는 사람인데도 그냥 빼앗아 먹어버린다든지, 버스를 타면 무조건 자리에 앉겠다고 사람들을 밀어낸다든지, 소변이나 대변이 급하다고 해서 아무 곳에서나 바지를 훌렁 내리고 용변을 처리한다든지 등 매일매일의 사건, 사고가 발생한다. 이런 경우 같이 있는 부모나 인솔하는 교사는 모두 당황하고 놀랄 수밖에 없다.

그런데 이러한 장애를 가진 아이들의 얼굴을 가만히 바라보고 있노라면 마음속에 측은한 마음도 가끔 생기지만 이 아이들의 모습에서 얻는 기쁨이 더욱 크다는 것을 알 수 있다. 가만히 따져보면 이 아이들이 무슨 잘못이 있단 말인가! 본인들은 무엇이 잘못되고 잘되었나를 모르고 있는 상황에서 우리 일반사람들의 기준으로 이것은 이렇게 하라, 저것은 저렇게 하라 하며 자꾸 가르치려고 한다.

그래서 아마도 이 장애아이들은 세상이 참 이상하다고 생각할지도 모르겠다. 자신은 즐거우면 계속 웃음이 나와서 깔깔거리는데 공부시간이라고 조용히 하란다. 또 자신은 왠지 슬퍼 울음이 나오는데 울지 말란다. 자신은 가만히 편하게 앉아 있으려고 하는데 자꾸 달리고 뛰며 운동을 하란다. 자신은 수 계산이 안 되는데 자꾸 수학 공부를 하자고 한다. 자신은 문자를 잘 모르는데 자꾸 읽고 쓰고 하자고 한다.

그래도 오늘은 마음껏 웃어보자. 아이들과 손잡고 공원에 나와 있는데 자꾸 웃고 있는 아이의 모습이 눈에 들어온다. 우리들도 이렇게 웃으며 살 수는 없을까?

하루 중에 1분만이라도 말이다.

하하하하하…….

장애학생들과 수업

　어떤 사람들은 장애아동들과 수업을 하면 참 쉽겠다는 생각을 한다. 왜냐하면 대부분의 발달장애아이들의 지적 수준이 낮아서 수업을 할 때 그 학문적인 수준도 낮다고 생각하기 때문이다.

　장애아동들의 지적 단계를 보면 실제로 많은 발달장애아이들의 학습적인 수준은 대부분 초등학교 6학년 수준을 넘지 못한다. 그 아이가 고등학생이어도 말이다. 또한 많은 장애아이들이 유치원에서 초등학교 저학년까지의 수준이라고 생각하면 거의 맞다. 하지만 장애아동의 교육은 지적 수준을 높이려는 방향보다는 사회에서 일반 사람들과 같이 살아가게 하는 것이 최대의 목표다. 왜냐하면 불이 났을 때 119의 숫자를 아는 것보다 119로 전화하는 것이 우선이기 때문이다.

　그런데 장애아이가 일반사람들처럼 살아간다는 것이 얼마나 어려운 일인지 아는 사람은 알 것이다. 장애아이를 보면 지적 수준이 낮고, 감정이 자기 마음대로 조절되지 않으며, 언어소통이 잘 되지 않는데 우리 사회는 일반사람들과 동등한 수준을 요구하고 있기 때문이다. 더구나 자신들이 그런 장애가 있다는 것을 모르고 지내는 많은 발달장애아이들인데 말이다.

　예를 들면, 화장실 사용하기에서 장애아이니까 뒤처리를 적당히 하면 될까? 물론 안 된다. 또 밥을 먹는데 숟가락, 젓가락을 사용하지 않고 손으로 먹어도 될까? 이것도 안 된다. 38번을 타야 하는데 적당히 3번 버스를 타도 될까? 이것도 물론 안 된다. 하지만 장애아이들의 대부분은 일반사람들이 쉽게 해결하는 일상의 소소한 부분이 참 어렵다.

5+3=8이다. 물론 이것을 모르는 사람은 없다. 이런 덧셈을 가르쳐보라면 누구나 할 수 있다고 할 것이다. 그런데 학생이 '1은 하나다' 라는 개념이 전혀 없다면 어떨까? 수업의 어려움은 지금부터 시작이다.

가정에서 부모들이 자신의 자녀들에게 상냥히 웃으며 수학문제를 풀 수 있도록 지도한다면 훌륭한 부모라는 생각이 든다. 화내지 않고, 꿀밤을 주지 않고, 안색을 예쁘게 포장해서가 아닌 진정한 가르침 말이다.

학예회에서 이런 일이

　오늘은 학예회가 있는 날이다. 학예회는 학교마다 연말이 되면 많이 하게 되는데 일반초등학교에서는 반별이나 학년별로 하기도 한다. 하지만 특수학교는 학급인원도 적기 때문에 전교생이 강당에서 합동으로 학예회를 한다.

　올해 학예회는 우리 반(중1)이 춘향전의 일부 장면을 열심히 연습해서 출연하려고 한다. 특히 춘향전에서 두 주인공이 이별하는 장면을 선보이게 되었는데 옆 반이 춘향이와 이도령의 만남을 하고 우리 반은 이별, 다른 반은 변사또의 부임 순으로 해서 암행어사 출도로 이어지는 연속극이다. 학생들이 스스로 연기를 하며 말을 할 수 있으면 좋겠지만 대부분의 아이들은 적절한 연기와 대사를 하기가 어렵다. 그래서 먼저 배경음악을 고르고, 출연하는 아이들의 목소리를 미리 녹음한 하나의 파일을 CD로 만들어 사용하였다. 물론 말을 못하는 아이는 다른 친구가 대신 목소리만을 빌려주었다.

　우리 반의 이도령은 키도 크고 듬직한 주호가 맡았다. 주호는 정신지체이지만 말도 잘하고 비교적 연기도 잘하는 우리 반의 모범생이다. 그리고 춘향이는 비록 말은 못하지만 키도 크고 날씬한 몸매를 자랑하는 소현이가 했다. 그 밖에 방자, 향단이, 월매, 짐꾼과 동네사람은 우리 반의 다른 아이들이 분장을 하여 출연하기로 했다.

때마침 학예회날, 우리 반의 순서가 되었다. 월매는 제일 먼저 무대에 나가서 이도령이 서울로 간다고 하니 방자를 못 보게 될까 염려하여 울고 있었고 잠시 후에 방자의 손에 이끌려 무대를 내려왔다. 이윽고 서울로 가는 이도령은 떠나는 발길이 아쉬워 춘향이를 연신 부르는데 그 소리를 듣고 달려 나오는 춘향이가 이도령의 품에 안겨 슬피 울었다. 역시 우리 반 아이들은 음악과 목소리 녹음에 맞추어 연습한대로 연기를 잘하고 있었다.

계속해서 이도령은 춘향이에게 반지를 끼워주며 기다리라고 하고 춘향이는 울면서 거울을 증표로 건네주며 아쉬워할 때 음악은 '준비 없는 이별'에서 '돌아와요 부산항'으로 바뀌고 있었다. 이제 퇴장을 해야 하는데 무대에서는 큰일이 났다. 춘향이가 반지를 끼지 않겠다고 토라져 있고 이도령은 빨리 반지를 끼워주고 거울을 받아야 하며 사랑의 포옹도 해야 하는데 춘향이는 거울도 주지 않는다. 앞에서 지금까지 지도하던 나는 소리를 칠 수도 없고 무대로 올라갈 수도 없어 그저 당황하여 등에서 땀이 나는 듯 했다.

비록 음악과 대사가 지나갔지만 이도령은 거울을 억지로 받았고 싫다는 춘향이를 억지로 안아주곤 퇴장을 하였다. 그 뒤를 이어 춘향이가 울며 뒤로 나가는 것으로 우리 반의 무대는 아슬아슬하게 마무리 되었다. 연극을 마치고 나는 무조건 잘했다고 칭찬을 해 주었다. 비록 춘향이가 삐쳐서 반지를 받지도 않았지만 연극의 내용을 전달하는 데 문제가 없었다는 생각이기 때문이다.

우리 아이들이 오늘 연극으로 "인생은 연습이 아니며 꼭 계획한 대로 되지 않는다."는 것을 보여 준 게 아닐까 생각해 본다.

통합교육을 했어요

　우리 반 아이들은 한 달에 한 번씩 학교 옆에 있는 일반중학교 1학년 학생들을 만난다. 왜냐하면 통합교육의 한 방법으로 두 학교를 서로 오가면서 다양한 행사를 진행하고 있기 때문이다. 물론 대상 학교는 해마다 바뀌게 된다.

　우리 아이들은 학교 계획에 의해 그리고 필요에 의해서 통합교육에 참여하고 있지만 일반중학교 아이들은 지원을 한 학생들로 순전히 자발적으로 이루어진 참여였다. 인솔하시는 선생님의 이야기를 들어보니 그 일반아이들은 크게 두 부류의 학생들로, 모범적이고 공부를 잘하는 학생과 그저 두 학교를 오가며 놀고 싶어하는 학생들이라고 하였다.

　하지만 여러 행사를 1년 동안 같이하며 이 아이들은 서로 친해지게 되었다. 등산하기, 영화관 가기, 즐거운 게임하기, 현장학습가기, 각 학교축제 참여하기 등 다양한 활동들을 함께 하면서 우정을 쌓았다.

　겨울방학을 바로 앞둔 우리들은 헤어지기 직전 마지막 행사로 '맛있는 요리하기' 시간을 가졌다. 조별로 떡볶이와 어묵을 만들어 먹는 것인데 아이들은 자신들이 만든 떡볶이가 더 맛있다고 자꾸 먹어보라고 했다. 내가 맛을 보니 그 맛이 그 맛 같은데 말이다.

요리활동이 끝난 후 우리 장애아이들과 일반중학교 친구들은 마지막 인사를 하였다. 우리 반 아이 중 똑똑한 성진이는 헤어짐이 싫은지 얼굴에 안타까움과 아쉬움이 가득하였고, 일반중학교 학생들 중에도 말이 잘 통하지는 않았지만 우리 아이들과 헤어짐에 대한 아쉬움을 잘 전달하지 못하고 쭈뼛대는 아이들이 몇 명 보였다.

20~30년 전이라면 장애와 일반아이들로 나누어져 지금처럼 학교에 다니지는 않았을 것이다. 옛날이라면 우리 장애아이들이 같은 학교, 같은 학급, 같은 동네에서 공부를 좀 못하는 아이로 치부되었을 것이고, 지금처럼 일부러 통합교육으로 행사를 하지는 않았을 것이다. 물론 심한 장애라면 예전에는 학교에는 다니지 않았을 테지만 말이다.

하지만 이제는 달라져야 한다. 우리들이 장애와 비장애를 구분해서 사람을 만나거나 편 가르지 말고, 장애는 조금 불편한 것이고 약간의 도움이 필요한 사람들이라는 생각을 했으면 한다. 그래서 앞으로는 장애와 비장애 구분 없이 좀 더 자연스러운 만남들이 많이 이루어졌으면 하는 소망이다.

'다운 증후군'이란

　　다운 증후군은 다른 말로 '몽고리즘' 또는 '염색체 이상'이라고
도 한다. 그러나 '몽고리즘'은 사용하지 않은 것이 좋다. 왜냐하면
'몽고사람을 닮았다'라는 뜻으로 붙여진 이름이므로 인종차별이라
고 할 수 있기 때문이다. 이 다운 증후군의 장애영역은 정신지체에
포함되는데 우리가 눈으로 보아도 쉽게 구별이 되는 장애의 특징을
가지고 있다.

　　모든 사람들은 23쌍의 염색체를 가지고 태어나는데, 다운 증후
군 아이들은 일반적으로 21번 염색체의 돌연변이로 인하여 정신지
체와 함께 외모에 특징을 가지고 태어나게 된다. 이런 장애아이들의
특징은 눈과 입에서 먼저 나타나는데, 눈 가장자리가 위로 올라간 경
우가 대부분이고 콧대가 낮아 얼굴을 보면 일반 아이들과 조금 다름
을 금세 알 수 있다. 또한 손가락이나 발가락이 짧고 굵은 특징이 있
다. 그래서 다운 증후군 아이를 둔 부모들은 아이가 자라서 사회생활
을 하는 데 조금이라도 도움이 되도록 안경을 쓰게 하기도 하고 경제
적으로 여유가 있는 집은 성형수술을 해 주는 경우도 있다.

　　이러한 다운 증후군 아이는 선천적으로 많은 약점을 가지고 태
어나는데 대부분 심장이나 신장 등의 장기가 약하고 시력, 청력 등의
감각 기관이 약한 경우가 대부분이다. 그래서 다운 증후군 아이들 가

운데 심장 수술을 받은 경우가 많고, 몸의 면역기능이 약해서 병원에 자주 가야 하므로 경제적·육체적·정신적으로 부모를 더욱 힘들게 하는 경우도 있다.

그러나 교육적 측면에서 보면 일반적으로 보던 자폐 아이들이나 정신지체 아이들보다 사회성이 뛰어나고 인지 발달에서도 상당한 차이를 나타내고 있어 다른 장애를 가진 아이들의 부모로부터 오히려 부러움을 받기도 한다. 또한 초등(특수)학교 시절까지는 반에서도 반장이나 부반장을 하기도 하고 각종 대회의 대표로 선발되기도 하여 귀여움과 사랑을 받는 편이다.

하지만 초등학교를 졸업하면서부터는 육체적으로나 정신적으로 발달이 정지되거나 하강 곡선을 갖는 경우가 많다. 또한 일반사람의 평균 수명보다 생존 기간이 훨씬 짧아서 주변 사람 모두를 안타깝게 하기도 한다.

가을바람

요즘 가을바람이 길가의 코스모스를 흔들고 골목의 낙엽을 몰고
다니는 것을 보았다. 어제는 학교 복도에 낙엽들이 들어와 굴러다니
는 모습을 보니 문득 재미있는 생각이 나서 몇 자 적어 본다.

가을바람이 분다.
이 골목에서 저 골목으로
가을바람이 달려간다.

가을바람이 분다.
소나무에 찔린 바람
미루나무 흔들며
심통을 부린다.

가을바람이 분다.
이 꽃향기 맡아보고

저 꽃향기 찡그리며
가을 꽃길 헤집는다.

가을바람이 분다.
단풍잎 굴리다 싫증 나면
감나무 잎 따서
이리 차고 저리 찬다.

가을바람이 쫓아온다.
단풍 잎, 감나무 잎이
좁고 긴 복도에 살짝 숨었다.
가을바람 숫이다.
가을바람 골인이다.

독서와 독서치료

　　겨울방학을 맞이하여 어떤 연수를 들을까 하다가 '독서치료'라는 연수가 있다는 것을 알았다. '독서지도'라는 이야기는 많이 들었지만 '독서치료'라는 단어와는 구체적으로 어떻게 다를까 하는 생각을 하며 연수를 듣기로 하였다. 그리고 나는 2주간의 연수를 받으며 책에 대한 나 자신의 생각이 조금씩 바뀌는 것을 느꼈다.

　　일반적으로 독서치료란 "발달적 혹은 특정하고 심각한 문제를 가지고 있는 참여자가 다양한 문학작품들을 매개로 하여 치료자와 일대일이나 집단으로 토론, 글쓰기, 그림 그리기, 역할극 등의 여러 가지 방법의 상호작용을 통해서 환경의 적응과 성장 및 당면한 문제들을 해결하는 데 도움을 얻는 것"이라고 한다.

　　우리들의 주변에는 많은 책들이 있다. 어린아이들이 있는 집에는 유아용 책이 있고 초등학교나 중·고등학교에 다니는 아이들이 있는 집에는 아동용이나 청소년용 책들이 있다.

　　내가 주목하고자 하는 것은 유아용이나 아동용 동화다. 요즘은 창작동화가 아주 많아서 새롭게 읽지 않으면 무슨 책인지 그리고 어떤 내용인지 책 제목만 듣고는 잘 알지 못한다. 그것은 유아나 아이들의 책이라고 생각하고 전혀 관심을 주지 않았기 때문이다. 학교에서도 "너희들 책 많이 읽어야 한다."라고 말은 했지만 교사인 나는 정작 아이들 책에는 별 관심을 두지 못했다.

사실 독서치료라는 개념을 가지고 생각해 보면 우리들은 예전부터 스스로 책을 읽으며 느끼고 반성하고 결심하며 독서치료를 하며 살아왔다. 자신뿐만 아니라 주변에서 누가 힘들어 한다든지 용기를 주고자 할 때도 책을 선물하거나 권하여 그 사람의 마음에 희망을 주고자 했다.

그런데 이러한 책들은 긍정적 측면에서 상처(고민, 걱정, 갈등, 분노, 슬픔, 우울, 짜증, 자신도 모르는 마음의 옹이 등등……)가 있는 대상 학생들에게 계획적이고 의도적으로 접근하여 마음의 상처를 치유할 수 있도록 한다는 것이다. 이때 여기서의 책은 상징적인 것일 뿐이고 방법은 무궁무진할 수 있다.

나는 조금 후회스러웠다. 그동안 내 아이들에게 유아용 책을 사주고 시기가 지나면 책을 남에게 주거나 재활용으로 버리곤 했는데, 책의 용도를 생각했다면 무조건 그렇게 하지 않았을 것이기 때문이다. 그리고 학교에서도 독서라는 생각으로 책을 읽어 주었지 상처가 있는 아이들을 대상으로 접근하지는 못했기 때문이기도 하다.

새로운 만남

학기 초 특수학교에서 새로운 학급을 배정받으면 어떤 아이들을 만나게 될까 무척 기다려지고 궁금해 한다. 그리고 학급 홈페이지를 통하여 배정받은 학급을 차차 소개해 나간다. 학급 홈페이지에 들어오는 사람은 학생이 아닌 장애아이를 둔 학부모가 대부분이고, 일부 일반사람들도 들어오고 있다. 전체 방문자 수는 적은 편이지만 그래도 인터넷에 올리는 글이다 보니 교사가 학부모에게 자신의 교육관이나 아이들의 소식을 알리기에는 좋은 공간이 되고 있다.

다음은 인터넷에 우리 반을 소개하는 글이다.

안녕하세요. 올해는 초등학교 1학년 담임을 맡게 되었지요. 올해 만난 우리 반은 모두 5명입니다. 장애는 주로 발달장애가 많은데 장애인 시설에 사는 한 아이가 몸이 약하고 잘 넘어져서 자꾸 다친답니다.

학년 초라서 아이들을 데리고 학급사진을 찍으려고 놀이터가 있는 공원으로 데리고 나갔습니다. 그런데 우리 반 아이들은 카메라에는 별 관심이 없어 사진을 찍는 데 애를 먹었지요. 우리 반 친구들 모두 한 명 한 명 개성 있는 친구들입니다. 이 아이들과 올 한해 즐거운 반, 멋진 반을 만들고자 노력하려고 합니다.

우리 반 급훈이 "즐겁게 웃으며 생활하재!"입니다.
힘들어도 웃고,
즐거워도 웃고,
아이들이 말썽피우면 때로는 혼내주더라도
돌아서서 웃고…….

만만하지는 않겠지만 기대해 주시고 건강하게 잘 지낼 수 있도록 기도해 주시고 응원해 주세요.

자폐아 동생을 둔 희주의 고민

장애아이를 형제자매로 둔 일반아이들도 고민이 참 많다. 자폐
아이를 남동생으로 둔 예쁜 누나가 자신의 생각을 나에게 보내왔다.
물론 여기서의 이름은 가명으로 하였고 장애아이뿐만 아니라 온 가
족이 장애아이로 인하여 고통받는 것을 몸소 느낄 수 있었다.

희주의 고민

갓난 송아지처럼 날뛰는 민식이……

이상하게 민식이는 매달려 있는 것만 보면 그것을 뜯고 싶어
한다.

민식이 때문에 엄마한테 애원해서 산 여러 가지 열쇠고리들…….

그 열쇠고리마저 뜯었더라도…… 없애지 않으면 좋으련만…….
아예 그 자체를 찾을 수 없게 만들어 버린다.

민식이를 아는 친구들은 민식이가 불쌍하니까 혼내지 말라고 하
는데 아무것도 모르면서 어떻게 그런 말을 하는지 모르겠다.

그 친구도 이런 동생이 있으면 내가 왜 싫어하고 짜증을 내는지
알텐데 말이다.

휴……. 1학년 때부터 5학년 때까지 친구들에게 이런 동생은 없

었다. 나는 가끔 이런 생각을 한다. (엄마한테 혼날 때) 왜 꼭 민식이가 먼 저 잘못하고도 내가 맞아야 하는지…….

나는 불행아가 아닌지 여러 가지 생각을 했다.

그래서 5학년이 되어서는 친구들은 이유 없이 집에 데리고 오지 않는다. 집에 놀러온 친구들이 동생을 보고는 "네 동생 왜 그래?" 하 고 물어본다.

난 그때마다 긴장을 한다.

나는 민식이가 장애인이라는 것을 알리고 싶지 않았고,

민식이와 같은 장애인 소리만 들어도 긴장을 하곤 한다.

민식이 같은 장애아이가 집에 있는 사람은 자리에서 일어나라는 것처럼.

여러 가지 이유로 난 민식이를 이해하지 못한다.

매일 엄마가 없으면 울고, 엄마가 있으면 괜히 나한테 심술을 부 린다.

그런 민식이를 불쌍하다고 말하다니.

장애아이라 불쌍하기도 하지만.

그래도 그런 민식이가 왜 나의 동생으로 태어났는지.

왜 하필 장애아이로 태어났는지.

이런 생각들을 못 떨쳐 보낸다. 이런 나도 싫다.

그런데 민식이도 싫다. 모두를 볼 때마다 다 싫어진다.

희주야, 오랜만이다.

희주가 동생 때문에 많이 속상했겠구나.

그래 맞아. 동생이 갓난 송아지처럼 날뛰면 누가 좋아하겠니?

그런데 가끔 학교에서도 천방지축으로 뛰어 다니고 있어.

그래서 가끔은 혼나기도 하지만 선생님은 그런 민식이가 예쁘다.

거짓말 같고 우습지? 그렇지만 사실이야.

희주야~

너가 나중에 조금 더 커서 아니면 어떤 마술⑦로 동생의 마음을
읽을 수 있다면 동생은 어떤 생각을 하고 있을까? 선생님 생각에는
동생이 말썽을 부릴 때 스스로 통제를 하지 못해서 자꾸 그렇게 되는
것 같다. 다른 사람은 생각만 해도 행동을 조절할 수 있는데 동생은
그 조절 기능이 자꾸 고장나는 것이지.

그렇다고 잘못하는 동생을 그냥 두거나 당하고만 있으라는 것은
아니야.

잘못하면 그 책임을 지게하고 누나로서 너의 주장도 내세워야지.

다만, 동생의 입장도 생각해 주었으면 하는 것이야.

선생님은 희주가 동생 때문에 우울해 하거나,

화난 얼굴이 되거나, 동생 핑계로 공부를 열심히 하지 않거나,

동생 때문에 친구들과 편하게 지내지 못하는 일은 없길 바란
단다.

그럼 다음에 또 이야기 나누자.

나에게 있는 아들 창수(5학년), 창식(3학년: 특수학교)!

창수가 가끔 "엄마, 나 창식이 때문에 못 살겠어!" 하며 화를 많이 냅니다. 그런데 내가 창식이를 때려 줄 때나 많이 혼내고 있으면, 창수는 벽 뒤에 숨어 있다가 얼른 달려와 창식이를 위로합니다.

조금 전에 "이제 너하고 안 놀 거야! 놀아주면 뭐해 또 형 괴롭히면서!" 하고도 어느 순간에 보면 또 "형이 도와줄께. 기다려봐." 하고 창식이의 곁에 서서 열심히 도와주고 있는 창수. 그리고 그 곁에 마치 자신의 무엇이든 맡길 수 있는 보호자처럼 창수에게 기대 서 있는 창식!

엄마인 나는 가끔 창식이 옆에 있는 창수를 내 스스로가 창식이와 멀리 떨어 뜨리고 있었음을 알아 미안할 때가 많습니다. 그래서 이제는 어떠한 상황이 벌어지더라도 창수와 창식이를 떼어 놓는 일 없이 무엇이든 함께 할 수 있도록 언제나 서로의 곁에 두고 있습니다. 그래서 창수는 가끔 창식이 때문에 육체적으로나 정신적으로 고생을 해도 그것이 고생이 아닌 당연한 것으로 여기며 살고 있습니다.

창수도 희주처럼 5학년인데, 친구들도 가끔 집으로 초대하고 이젠 자랑스럽게 창식이를 소개하기도 합니다. "내 동생 창식이는 춤도 잘 추고, 너무나 밝고, 못하는 컴퓨터 게임이 없어! 아마 너희보다 더 잘할 걸!" 하고 언제나 동생 창식이를 자랑할 줄 아는 착한 형으로 살고 있습니다. 희주도 동생이 정말 잘하는 것을 찾아본다면 지금보다 더 동생을 이해할 수 있을거라 생각합니다.

하루는 동네 교회에서 아이들이 창수를 보고 "네 동생 장애인이지?" 하고 놀려서(심지어는 병신이라고) 그 상황을 어찌 감당할까? 조금 떨어져서 지켜보고 있었어요. 그런데 내 좁은 생각과는 달리 창수는 아주 당연하게 "그래서! 너 내 동생보다 마음이 깨끗하기를 해? 아님 건강하기를 해? 아님 게임을 잘하기를 해? 너보다 내 동생이 더 훌륭해! 오히려 너의 생각이 장애 아니니?" 하는 거예요. 순간 엄마인 내 눈에선 눈물이 났어요.

그리고 창수가 그런 모습으로 계속 커 가기를 늘 기도했어요. 가끔 "엄마, 나 목사님 되어야 할까봐! 그래서 세상에 창식이와 같은 사람을 더 사랑해야 한다고 전하면서 살아야 하지 않을까?" 하는데 난 감정에 북받쳐 어떠한 대답도 못하고 "엄마가 기도 많이 해야겠네?" 하며 우리 창수의 두 손을 꼬~옥 잡아 주었습니다.

우리들이 해야 할 배려 100가지

    매년 4월 20일은 국가에서 정한 장애인의 날이다. 우리 주변에는 많은 장애인들이 자신이 가지고 있는 장애로 인한 어려움보다 그들을 바르게 이해하지 못한 편견과 행동으로 주변에서 주는 아픔이 더 크고 힘든 경우가 흔하다. 어느 장애인의 날에 나의 홈페이지에 누군가가 글을 올려 주었다. 그래서 우리가 한 번쯤 읽어 보았으면 하는 내용이어서 나누고자 한다.

장애인을 위한 조그만 배려 100가지

1. 장애를 가진 사람에 대한 용어는 '장애인' 입니다. 불구자나 장애자라는 단어는 쓰지 않는 것이 옳습니다.

2. 뇌성마비로 언어장애가 있고 온몸을 흔든다고 지능이 낮은 것으로 생각해서는 안 됩니다. 뇌성마비의 지능지수는 정상입니다.

3. 정신지체를 '바보' 또는 '정신박약' 이라고 놀리고, 나이에 상관없이 반말을 하는데 그들의 인격을 존중해 주어야 합니다.

4. 아침에 시각장애인을 보면 재수가 없다고 피하는데 그런 낡은 사고방식은 버려야 합니다.

5. 청각장애인의 언어인 수화를 몇 단어라도 익힙시다. 간단한 인사를 하면 가까운 사이가 될 수 있습니다.

6. 청각장애인은 알아듣지 못한다고 함부로 말을 하는데 청각장애인들은 그것을 이미 알고 있습니다.

7. 장애인이 지나가면 발길을 멈추고 쳐다보는 사람들이 있습니다. 그 시선을 받은 장애인들은 고통스러워하므로 주의합니다.

8. 장애인과 눈이 마주치면 먼저 미소를 띄웁니다. 호감을 갖고 있다는 표시가 되어 마음을 편하게 합니다.

9. 비가 올 때 장애인들은 곤란을 느낍니다. 두 손을 목발에 빼앗겨야 하기 때문이죠. 우산을 받혀 도와 주도록 합니다.

10. 택시를 잡으려고 쩔쩔매는 장애인을 만나게 되면 택시를 잡아 태워 주는 친절이 필요합니다.

11. 피서지나 놀이시설에서 장애인을 만나면 '몸도 성치 못한데 왜 여기까지 왔지?' 라는 생각을 합니다. 장애인도 어디든지 갈 수 있는 사람이므로 그릇된 편견은 버리도록 합니다.

12. 엘리베이터 앞에 장애인이 있으면 장애인이 안전하게 엘리베이터를 이용할 수 있도록 열림 버튼을 눌러 주도록 합니다.

13. 건물에 들어서는 장애인을 위해 장애인이 이용하기 쉬운 방법을 안내해 줍니다.

14. 장애인이 회전문 앞에서 쩔쩔매고 있으면 다른 문을 사용할 수 있도록 도와 줍시다.

15. 다운증후군에 대해 잘 모르면 누구랑 똑같이 생겼네 하면서 신기해합니다. 다운증후군은 생김새가 비슷하다는 것을 알아둡시다.

16. 장애인을 보고 혀를 차거나 동정 어린 격려 또는 호기심으로 질문하는 것은 삼가도록 합니다.

17. 장애인 부모에게 자녀 중에 또 장애인이 있느냐고 묻는 것은 큰 상처를

주는 일임을 알고 주의합니다.

18. 장애인을 집단화하여 말하는 것은 잘못입니다. 장애인은 특성 있는 개체입니다.

19. 휠체어는 장애인의 몸의 일부입니다. 갑자기 뒤에서 잡고 밀어주면 놀라고 불쾌해 합니다. "도와드릴까요?" 하고 묻는 것이 예의입니다.

20. 속해 있는 모임이나 직장에 장애인이 들어오는 것을 환영하고 권하는 적극적인 자세를 갖도록 합니다.

21. 장애인 친구를 사귀어 봅니다.

22. 주위에 장애인이 있으면 재활에 필요한 정보가 입수되는 대로 알려주도록 합니다.

23. 산업재해나 교통사고로 인한 중도장애를 남의 일로 생각하지 말고 장애를 운명이 아닌 사회적 현상으로 인식하도록 합니다.

24. 임산부에게 장애 예방에 대한 정보를 주어 주의하도록 합니다.

25. 장애인 차량 주차공간에는 절대로 차를 세우지 않도록 합니다. 또한 위반차량을 제재하는 적극적인 자세를 가지도록 합니다.

26. 횡단보도를 건너는 장애인을 보면 자동차는 서행하도록 합니다.

27. 어린이가 장애인을 보며 "왜 저래?"라고 물었을 때 "엄마 말 안 들어서 그래."라는 식으로 부정적인 인식을 심어주지 말고 장애에 대해 정확히 설명해 줍니다.

28. 모든 부분에 장애인이 함께 해야 한다는 생각으로 자기가 맡고 있는 일에서 장애인에 대한 고려를 합니다.

29. 장애인을 무조건 칭찬하는 것도 편견입니다. 정확히 판단하여 평가해 주는 것이 좋습니다.

30. 휠체어를 다루는 방법을 알아두도록 합니다.

31. 계단 앞에서 곤란을 겪는 휠체어 장애인을 보면 지나가는 사람 2, 3명을 모아 휠체어를 들어 계단을 이용할 수 있도록 도와 줍니다.

32. 뇌성마비 장애인에게 음료수를 권할 때는 빨대를 꽂아서 내 놓는 것이 좋습니다.

33. 어떤 건물에 들어온 장애인에게 무슨 일로 왔느냐고 따지듯이 묻는 것은 잘못입니다. 와서는 안 될 잡상인 취급을 해서는 안 됩니다.

34. 휠체어 장애인과 대화를 나눌 때는 시선 높이를 맞추는 것이 예의입니다. 앉거나 구부린 상태에서 대화를 나누도록 합니다.

35. 시각장애인이 길을 물으면 전후좌우로 정확히 알려주어야 합니다.

36. 시각장애인과 동행할 때는 팔을 내주어 팔짱을 가볍게 낀 상태에서 반보 정도 앞장서서 걷는 것이 좋습니다.

37. 시각장애인의 안내견을 무서워하지 말고 자연스럽게 대해 줍니다.

38. 시각장애인이 물건을 사려할 때 물건에 대한 설명을 자세히 해 줍니다.

39. 시각장애인이 음식점에 찾아오면 메뉴를 가격과 함께 설명해 주고 식사를 내온 후, 음식의 위치를 설명해 주는 것이 예의입니다.

40. 시각장애인을 만나면 반드시 악수를 하며 자기소개를 말로 해야 합니다.

41. 시각장애인에게 위험한 물건은 가까이 놓지 말고 그런 물건이 있다면 말로 알려주도록 합니다.

42. 절단장애인 중 오른쪽 의수를 사용하는 사람은 악수를 청하면 당황해 하는 경우가 있습니다. 왼손으로 바꾸어 악수를 청하도록 합니다.

43. 청각장애인은 공중전화 박스 앞에서 전화를 걸어줄 사람을 찾고 있습니다. 대신 전화를 걸어 도움을 줍니다.

44. 청각장애인이 대화에서 소외되지 않도록 필담으로 중간 중간 내용을 전해 주고 얘기할 기회를 주어야 합니다.

45. 청각장애인과 대화를 나눌 때는 마주보고 입모양을 정확히 하여 말해야 합니다.

46. 지적장애인이 옆에 오면 피하는데 그런 일이 없도록 하고 무슨 도움이 필요한지 살피면서 보살펴 주도록 합니다.

47. 장애인이 있는 가정을 방문하면 장애인에게 먼저 가서 인사를 하고 같이 어울리도록 합니다.

48. 장애인과 결혼을 하는 것이 큰 불행인양 말하지 말고 축하와 격려를 보내 줍니다.

49. 학교에 장애인이 다니면 관심을 갖고 친구하기를 주저하지 않도록 합니다.

50. 직장에 장애인이 있으면 특별대우로 소외시키지 말고 자연스럽게 어울리도록 합니다.

51. 장애인과 함께 음식점에 갈 때는 장애인에게 편한 장소를 찾도록 합니다.

52. 장애인의 마음을 상하게 하지 않으려고 지나치게 신경을 쓰는 것은 오히려 부담을 줍니다. 자연스러운 대화가 좋습니다.

53. 장애인이 도움을 요청할 경우 낯설어 하거나 이상하게 생각하지 않도록 합니다.

54. 장애인 시설을 방문하는 것을 정규화 합니다.

55. 언제 어디에서나 자원봉사자가 되도록 합니다.

56. 자기가 살고 있는 곳의 주변환경이 장애인에게 적합한지를 살펴보고 불편한 점이 있으면 지적해 주고 개선하도록 노력합시다.

57. 장애인 문제에 늘 관심을 가지도록 합니다.

58. 승차 시 장애인에게 넓은 자리를 권하고, 구석으로 들어가도록 권하지 말아야 합니다.

59. 화장실이 좌변기라는 정보를 주는 것이 좋습니다.

60. 음료수를 사양하면 억지로 권하지 않는 것이 예의입니다.

61. 대화를 나눌 때 무엇을 못해 보았을 것이라는 전제를 하는 것은 잘못입니다.

62. 척수장애인들은 소변이나 대변을 실수할 수가 있습니다. 그런 실수를 자연스럽게 받아들여야 합니다.

63. 중도장애인에게 사고 경위에 대해 꼬치꼬치 묻는 것은 실례입니다.

64. 성생활이 불가능하다고 생각하는 것은 잘못입니다.

65. 장애인에게 어려움만을 질문하는 것은 불쾌한 일입니다.

66. 함께 있다가 장애인만 놔두고 나가는 것은 예의가 아닙니다.

67. 목발을 사용하는 장애인과 걸을 때 보조를 맞추려고 노력합니다.

68. 휠체어 사용자는 뒤에서 휠체어를 밀어주는 것보다 옆에서 함께 걷는 것을 더 좋아할 때가 있습니다. 휠체어를 혼자서 밀 수 있으면 도움을 주지 않는 것이 좋습니다.

69. 장애인의 친구는 모두 장애인이라는 생각은 잘못입니다.

70. 목발이나 휠체어를 갖고 장난을 치는 것은 예의가 아닙니다.

71. 장애인 가정을 방문할 때는 반드시 전화로 허락을 받고 집에서 한 약속이라도 시간을 잘 지키도록 합니다.

72. 장애인을 돕는 사람을 천사인 양 칭찬하는 것은 좋은 일이 아닙니다.

73. 장애인은 모든 유희에서 제외되어야 하는 듯 생각하는 것은 잘못입니다.

74. 여성 장애인들이 미에 관심을 두는 것을 어울리지 않게 생각하면 안 됩니다.

75. 장애여성이 결혼하여 가정생활을 하는 것을 이상한 시선으로 바라보아서는 안 됩니다.

76. 부모가 장애인이라고 자녀가 남들과 다를 것이라고 생각하면 안 됩니다.

78. 음식점에 장애인 손님들이 들어오면 자리를 피하려고 하는 사람있습니다. 그것은 있을 수도 없는 일입니다.

79. 장애인 손님이 들어오면 반가워하지 않는 영업집이 있습니다. 그런 영업집은 장사를 할 자격이 없습니다.

80. 쇼핑을 할 때 물건을 샅샅이 살피지 못할 때가 있습니다. 물건을 내려주어 가까이에서 볼 수 있도록 해 주는 것이 예의입니다.

81. 무거운 물건을 들고 가는 장애인을 보면 방향을 물어 잠시라도 들어주는 여유를 가지도록 합니다.

82. 빨리 뛰다가 장애인과 부딪치면 장애인은 여지없이 쓰러집니다. 부딪치지 않도록 주의합니다.

83. 넘어진 장애인을 일으켜 세워 주는 것을 주저하지 않도록 합니다.

84. 장애인에게 부탁을 받았을 때 망설이지 말고 응답을 합니다. 머뭇거리면 장애인은 거절로 이해합니다.

85. 사람이 많이 모이는 장소에 가면 장애인들은 움직임이 불편해집니다. 길을 만들어 주는 것이 예의입니다.

86. 휠체어가 부딪쳤을 때 노골적으로 언짢은 표정을 짓고 그 자리에서 먼지를 털어 내는 것은 실례입니다.

87. 건물 내에 장애인용 공중전화, 호출버튼이 없으면 도움이 필요한 휠체어 장애인은 곤란을 느낄 수 있으니 설치하도록 합니다.

88. 술에 취해 장애인에게 시비를 거는 사람이 있으면 주위에서 제지를 해 주는 것이 좋습니다.

89. 바닥에 물이 있으면 미끄러지기 쉽습니다. 물이 있다고 알려 주는 친절이 필요합니다.

90. 비행기 등 긴 여행의 교통시설 이용 시 옆 좌석에 장애인이 앉은 경우가 있습니다. 불편한 것이 있으면 얘기하라고 먼저 말을 건넵니다.

91. 장애인은 자판기 커피를 뽑아 움직이는 것이 곤란합니다. 앉아 있는 장소까지 배달을 해 주는 것이 좋습니다.

92. 자기 집에 장애인을 초대하는 것을 일반화합니다.

93. 목발을 장애인 곁에서 먼 곳에 갖다놓는 것은 실례입니다.

94. 장애인에게 의자를 권할 때는 딱딱한 의자로 팔걸이가 있는 것이 좋습니다.

95. 뇌성마비인들이 비틀거리고 걸을 때 부축해 주면 오히려 불편을 주게 됩니다.

96. 여성장애인을 도와주며 성적인 농담을 하는 것은 잘못입니다.

97. 결혼의 여부를 물을 때 "안 하셨어요?"보다 "하셨나요?"로 긍정형으로 표현하는 것이 좋습니다.

98. 장애인이 결혼하면 자녀도 장애인일 것이라는 생각은 큰 오류입니다.

99. 시각장애인 가정을 방문했을 때는 물건의 위치를 함부로 바꾸어 놓아서는 안 됩니다. 그 위치로 시각장애인들은 물건을 찾게 됩니다.

100. 장애인이 나와 다르다는 생각은 버려야 합니다.

눈물나게 감동적인 학교이야기

어느 분이 보내준 메일 내용입니다. 너무 감동적인 학교이야기인데 많은 사람들과 함께 공유하면 좋을 것 같아 공개합니다. 보내주신 분께 감사의 말씀을 드립니다.

감동적인 학교 이야기

전요~

어렸을 때 대단한 깍쟁이였습니다.

엄청 깔끔하신 우리 어머니는 제 신발에 먼지 하나 붙는 것도 질겁하실 만큼 절 깨끗하게 키우셨고, 전 그래서 길거리의 조그만 먼지만 보아도 무척이나 더러운 것인 줄 알았습니다. 물론 지금의 제 모습을 보면 아무도 그런 상상을 못할 정도로 전 지금 무척이나 평범 이하의 사람이지만요. (창피~)

그래서 유치원 때는 물론 초등학교 때까지 수업을 듣다가 오줌을 싸는 친구들은 제 경멸의 대상이었고, 그런 친구들한테는 말도 안 꺼낼 정도였습니다. (좀 한심한 애였죠?)

그런 제가 초등학교 1학년 때 한 친구를 알게 되었어요.

이름도 얼굴도 아니 그 무엇도 기억이 나지 않는 친구.

57

하지만 그 친구는 지금까지도 절대 잊지 못하는 친구로 남아 있습니다.

그 친구의 이름을 편하게 순희라고 할게요.

전 오늘 순희의 이야기를 하고 싶어요…….

초등학교 1학년 입학했을 때입니다.

처음으로 학교 교실을 들어가 봤고 그 나무책상이 어찌나 멋있어 보였는지 몰라요.

선생님께서는 "여러분, 이제 출석을 부르겠어요." 하시며, "김 아무개…… 박 아무개……" 하며 아이들의 이름을 부르기 시작하셨어요.

물론 제 이름도 부르셨고요. "송진미!" 그때 전 손을 번쩍 들어 가면서 아주 똑 부러지게 "네~!" 하고 대답했던 기억이 나요.

선생님은 계속 출석을 부르셨어요.

그때 선생님이 한 아이의 이름을 부르셨어요.

"이순희!"

대답이 없었어요.

선생님은 다시 한번 부르셨죠. "이순희~" 제 뒤에 앉은 한 아이가 아주 모기만한 목소리로 "네~" 하고 대답을 했어요.

그것도 아주 떨면서요.

전 그 친구를 자세히 봤죠.

머리는 지저분했고 옷도 허름하기만 했어요.

그리고 그 친구를 보니 갑자기 냄새가 나는 듯한 착각도 들었어요.

새침떼기인 전 그 친구가 제 뒤에 앉아 있다는 사실이 상당히 불쾌하게 느껴졌어요.

그 뒤로 거의 한달 동안 뒤도 안돌아봤던 기억이 나네요.

그런데 어느 날이었어요.

저랑 등하교를 함께하는 친구가 아파서 결석을 한 것이었어요.

전 속이 상했지만 혼자서 학교를 향했고, 그날 학교를 파한 뒤에도 혼자 집으로 올 수밖에 없었어요.

혼자 땅을 보면서 터벅터벅 걷고 있는데 마침 누가 절 부르는 것이었어요.

"진미야~ 같이가." 순희였죠.

전 그 친구가 정말 별로였지만, 그래도 혼자 가는 것이 너무 싫었던 터라 함께가기로 했어요.

"어…… 순희구나."

"응."

"너도 이쪽으로 가니?"

"응. 같이 가자. 근데 너 나하고 오늘 처음 말하는 거지?"

전 그 말을 듣자 찔려서 얼굴이 빨개졌죠.

"어……."

그 친구와 집을 가는데 서로의 집이 꽤 가깝다는 사실을 알았어요.

그리고 그날 저보다 훨씬 깔끔하고, 예쁜 친구들, 제가 호감 느끼는 친구들보다 더더욱 착한 그리고 괜찮은 아이가 있다는 사실을 알게 되었어요.

그림 이수복

그 뒤로 전 순희와 친구가 되기로 결심했죠.

집에도 같이 가고, 학교에서 이야기도 하는 친구로 말이에요.

그리고 때로는 우리 집에서 함께 라면도 먹고요…….

전 어느 날, 그 친구네 집에 가고 싶었어요.

"순희야, 오늘은 너희 집에서 놀자."

"그래!"

그래서 우리는 순희네 집으로 향했죠.

순희네 집에 가니 어른들이 안계시더라구요.

동생들만 있었어요.

그때 우리가 초등학교 1학년 때이니 순희 동생들은 거의 네 살, 여섯 살 이랬죠. 그 어린 아이들 둘이 놀고 있다가 갑자기 순희가 들어오니 좋아 어쩔줄 몰라하더군요. 집도 허름하고 코찔찔이 아이들을 보니 전 어떻게 해야 할지 몰라 당황했어요.

그때 순희는

"언니 왔다. 배고프지? 밥해 줄께 기달려."

하면서 쌀을 씻기 시작했어요.

전 너무 놀라웠어요.

"너 밥할 줄 알아?"

"응."

너무나 당연한 듯한 목소리. 전 좀 이상했죠.

순희가 차려준 밥을 먹은 뒤에 전 순희에게 물어봤어요.

"너 엄마, 아빠 어디 가셨는데?"

"음…… 일하러."

나중에 알았는데, 순희는 소녀가장이었어요.

아버지는 막노동을 하지만 술주정뱅이였고, 어머니는 집을 나가 순희가 어린 동생들을 돌보는…….

전 어둡고 꽤 칙칙한 순희네 집에서 나온 뒤 집에 들어가 엄마젖을 만지며 콜콜 잤던 기억이 나요…….

어느 날이었어요.

학교를 파할 때 쯤.

"여러분, 내일은 불우이웃을 돕기 위해 사랑의 쌀을 가져와야 해요. 라면 반봉지 정도로 쌀을 채워서 가져 오세요~."

"네!"

전 준비물을 잊지 않기 위해 머리 속에 꼭꼭 집어넣고, 집에 가서 바로 말씀드려 쌀을 가방 속에 넣어 두었어요.

그런데 다음날, 순희가 나타나지 않는 거예요.

모든 아이들은 출석도 부르고, 사랑의 쌀도 냈는데…… 순희는 없었어요.

이상했죠.

누구보다도 학교에 일찍나오는 순희가 나타나지 않으니 모두가 걱정할 수밖에요.

선생님도 순희가 안와서 걱정을 하셨어요.

1교시가 끝났는 데도 오지 않았죠.

전 걱정되었고, 선생님도 걱정하셨어요.

"순희네 집 아는 사람!"

선생님이 묻자 전 손을 들었고, 학교를 파한 후 순희네 집에 선생님과 함께 가기로 했어요.

2교시가 끝났을 때, 아마 한 10시쯤 되었을 거예요.

드디어 순희가 들어왔어요.

순희의 얼굴이 무척이나 빨갛게 변해 있었어요.

땀도 뻘뻘 흘리고 숨도 가파하는 것을 보았어요.

선생님께서 왜 지금 오냐고 순희에게 물으셨을 때,

"준비물 때문에요." 하고 순희는 대답했죠.

순희는 라면 반봉지 분량의 쌀을 쌀 반가마니로 알아차린 거예요.

그리고 집에서 얼마되지 않는 학교까지 그 쌀 반가마니를 들고 온 것이죠.

부모님이 일터에 나가시고, 집안 일을 혼자 처리하는 순희에게 쌀 반가마니가 준비물이라는 것이 이상한 것이라고 일깨워줄 사람이 없었던 거죠.

그 어린나이에 순희는 새벽 7시부터 짧은 거리임에도 불구하고 3시간 동안 쌀 반가마니를 지고 학교에 온 것이죠.

친구들은 깔깔대고 웃기 시작했어요.

"멍청이 바보~" 하면서 말이에요.

사실 좀 지저분한 순희를 못살게 구는 남자애들도 많았거든요.

그런데 선생님께서 화를 내시며 아이들을 조용히 시키시는 거예요. 그리고 순희를 데리고, 구석으로 가서 순희를 안아 감싸 주시며 펑펑 우시기 시작했어요. 우리는 눈이 휘둥그레져서 놀라하고 있어도 선생님은 계속 순희를 안고 우셨어요.

왜 우시는지 전 몰랐었습니다.

나중에 알게 되었는데, 사실 그날 사랑의 쌀은 어려운 형편인 순희를 돕기 위해 모으는 사랑의 쌀이었답니다.

아직도 그 친구를 못 잊어요. 순희…… 잘 살고 있을까?

몇 십 년이 지난 지금 여러분은 친구들을 기억하십니까?

사탕과 구충제

　오늘은 아이들에게 구충제를 먹였다. 학교 보건실에서 나누어 준 구충제는 그냥 씹어서 먹을 수 있는 약이다. 우리 반 아이들이 잘 먹지 않을까봐 구충제는 먼저 사탕처럼 포장을 하고 미리 약을 먹은 현호에게 진짜 사탕을 주어 먹는 시범을 보여주었다. 우리 반의 사탕킬러 현호는 동작도 빠르게 사탕을 까서 입에 넣고 그대로 부셔서 맛있게 먹었다. 현호의 시범이 끝나고 제일 먼저 병기에게 약사탕을 주었다. 병기는 이상한 사탕이라는 듯 하였지만 그대로 까서 먹었다. '그래, 그거야.' 생각할 필요가 없는 것이지.

　이번에는 진우에게 예쁘게 포장된 약사탕을 주었다. 진우는 약을 까서는 조금씩 조금씩 이로 잘라서 먹었다. 역시 모두 잘 먹는구나 생각하며 옆에서 자꾸 달라는 민준이에게 약사탕을 주었다.

　그런데 민준이는 약이 싫다고 밀어내 버리는 것이었다. 그래도 물러설 수 없던 나는 사탕비닐로 약을 덮은 채 사탕가루를 만들어 먹자며 민준이를 달랬다. 그제서야 민준이는 환호하였고, 자신의 입을 쫙 벌리며 내게 다가왔다. 그래서 약 가루를 민준이의 입에 털어 넣고 물을 주었더니 벌컥벌컥 잘도 먹는다.

　오늘은 이렇게 아이들과 싱거운 게임을 했다. 대부분의 아이들이 알약을 잘 먹지 않는데 잘 해결되어 기쁘다.

교사의 작전이 성공한 것인지 아니면 아이들의 입장에서 약에 대한 거부감이 없었던 것인지 (사탕비닐로 포장하기는 했지만) 잘은 모르겠지만 아이들 덕분에 즐거운 하루였다.

오늘 같은 스승의 날에는

　　매년 스승의 날이 되면 교사로서 여러 가지 생각을 하게 된다. 주변의 모든 매스컴에서 우리나라의 교사들은 촌지 받은 교사, 체벌만 하는 교사뿐인 것처럼 기사화하고 학교와 교사의 교권은 이제 땅에 떨어진 모습으로 비추어지기도 하여 안타까운 마음이 크다. 특수학교에서 장애학생들을 만나는 교사는 그 속에서 더욱 할 말이 없다. 하지만 세상이 뭐라해도 학생들이 좋고 이런 마음을 알아주는 학부모가 있어 든든하다.

　　스승의 날에 학생들을 하교시키고 혼자서 가만히 생각해 보았다. 그리고 몇 자 적어본다.

　　오늘 같은 스승의 날에는
　　스스로 참된 제자가 되지
　　못한 것이 안타깝습니다.

　　오늘 같은 스승의 날에는
　　여러 매스컴에서 잘못된 스승 때려주니
　　나도 같이 아픕니다.

67

오늘 같은 스승의 날에는
그래도 웃어 주는 제자가 있어
위안이 됩니다.

오늘 같은 스승의 날은
철없는 제자가 만들어 주었기에
아이들에게 고맙습니다.

오늘 같은 스승의 날에는
어머니들까지 학교에 오셔서
장애아이를 대신하려는
사랑에 고맙습니다.

고맙습니다.

그림 이수복

68

모두가 다른 곳을 보아도

오늘은 1학년 우리 반 아이들과 사진을 찍으려고 밖에 나갔다. 아이들 다섯 명에게 벤치에 앉으라고 하며 자리를 잡아주는데 아이들은 통 카메라에 관심이 없어 우왕좌왕이었다. 그냥 자신이 가고 싶은 곳에 가고, 자신이 하고 싶은 것을 하려고만 했다.

그래도 나는 사진을 찍어보려고 노력했고 꼭 찍어야만 했다. 왜냐하면 이 사진을 학급홈페이지에 올려야 하고 사진틀에도 넣어야 했기 때문이다. 이 아이 저 아이를 잡아서 앞을 보라고 외치며 정신없이 여러 컷을 찍었다. 사진을 보니 교사인 나를 포함하여 6명의 아이들 모두가 각기 다른 곳을 쳐다보고 있었다. 우리 아이들이 사진 찍는 것에는 관심도 없고, 고정된 자세로 있기도 싫어했지만 막상 아이들의 모습이 담긴 사진을 보니 기분이 좋았다.

그리고 이 일을 계기로 작은 예화 하나가 생각난다.

어떤 여행자가 한 마을에 갔을 때 마을사람들이 모여 큰 황소를 끌어당기고 있었다. 물론 그 황소는 끌려가지 않으려고 아등바등 온 힘을 다해 제자리에 버티고 서 있었던 것이다. 그 광경을 물끄러미 바라보던 여행자는 마을사람들에게 물어보았다. 왜 그렇게 황소를 잡아당기느냐고 말이다. 마을사람들은 여행자의 물음에 저 공터에

싱싱한 풀이 많아서 그 곳으로 황소를 데려가려고 하는데 황소가 통 말을 듣지 않는다고 하였다. 그 말을 들은 여행자는 곧바로 공터로 가서 싱싱한 풀을 한 아름 꺾어다가 황소한테 주고는 홀연히 길을 떠났다고 한다.

　이 예화를 보면 가끔은 우리도 사고의 전환이 필요할 때가 있는데 너무 자기 고집만 피우며 인생을 살아가는 것은 아닌지 하는 생각을 해 본다.

그림 이수복

햄버거 만들기

"아이들과 햄버거 만들어 봤어요? 안 만들어 봤으면 말을 하지 마세요." 사실 우리 아이들과 함께하는 수업 중에서 아이들이 제일 재밌고 신나하는 수업이 음식 만들기 수업이다. 비록 교사의 손이 많이 가고, 학부모의 도움이 많이 필요한 수업이긴 하지만 이러한 속내를 알리 없는 우리 학생들은 무조건 좋다며 기쁜 환호성을 내지른다.

그래서 오늘의 음식 만들기 수업내용은 '햄버거 만들기'로 정했다. 사실 교사 개인적으로는 햄버거를 거의 먹지 않는다. 아마도 일 년에 한 번 사 먹을까 말까 한 정도일 것이다. 하지만 우리 아이들은 대부분 햄버거를 잘 먹고 좋아한다. 특히 사이다나 콜라라도 있으면 더 더욱 좋아한다. 햄버거가 우리 몸에 좋고 나쁘냐를 따지기 전에 우리 아이들이 무슨 음식이든지 만들어 먹을 수 있는 능력을 가지는 것과 그러한 과정을 밟아가는 것이 중요한 것 같다.

햄버거를 만들기 위한 준비물은 햄버거 빵, 햄, 양상추, 돈가스, 소스, 치즈, 마요네즈 등이다. 교사는 아이들에게 햄버거에 대해 간략히 소개하였다. 그리고 손을 깨끗이 씻게 한 뒤 햄버거 만드는 시범을 보여 주며 아이들이 할 수 있도록 지도하였다.

먼저 햄버거 빵 한쪽을 개인접시 위에 올려놓고 그 위에 약간의 마요네즈를 뿌려 준다. 그리고 양상추를 조그맣게 잘라서 깔아주고 그 위에 돈가스와 햄, 치즈를 올려놓는다. 마지막으로 소스를 뿌려 주고 나머지 햄버거 빵을 덮어주면 햄버거가 완성된다.

이렇게 만들어진 햄버거를 먹는 아이들의 모습은 각양각색이다. 어떤 아이는 햄버거 안의 돈가스만 먹으려고 하고, 어떤 아이는 햄버거의 내용물은 모두 빼고 햄버거 빵만 먹으려고 한다. 또 누구는 야채만 겨우 먹고 있는 경우도 있다. 하지만 우리 반에서도 체중이 제일 많이 나가는 재훈이는 이 모두를 가리지 않고 남김없이 먹고는 더 달라며 손바닥을 내보였다.

이 수업을 통해서도 알 수 있듯이 학교에서 발달장애아이들과 생활하면서 느끼고, 교육에서 꼭 필요하다고 여겨지는 점은 장애학생들의 생활능력을 향상시키는 것이다. 장애를 가진 우리 아이들의 자립성과 사회성을 길러 주는 것이 이 세상에서 장애인들이 좀 더 떳떳하게 살 수 있는 방도가 아닐까 생각해 본다.

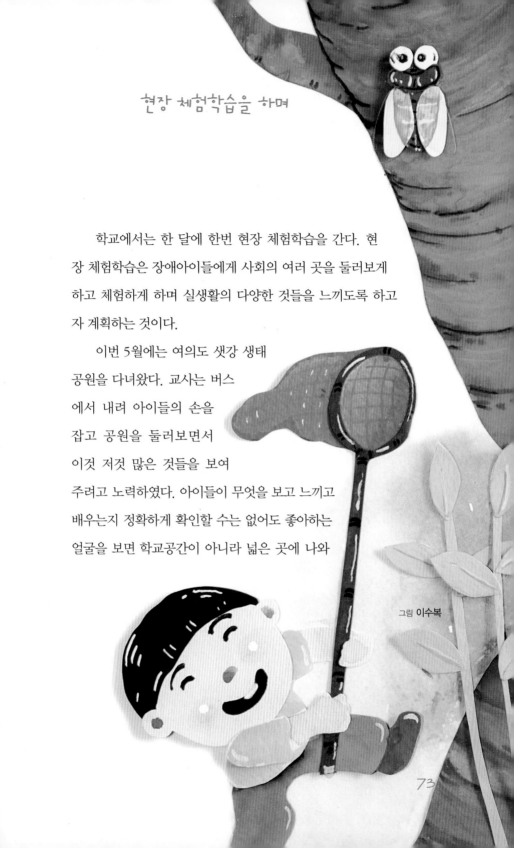

현장 체험학습을 하며

학교에서는 한 달에 한번 현장 체험학습을 간다. 현
장 체험학습은 장애아이들에게 사회의 여러 곳을 둘러보게
하고 체험하게 하며 실생활의 다양한 것들을 느끼도록 하고
자 계획하는 것이다.

이번 5월에는 여의도 샛강 생태
공원을 다녀왔다. 교사는 버스
에서 내려 아이들의 손을
잡고 공원을 둘러보면서
이것 저것 많은 것들을 보여
주려고 노력하였다. 아이들이 무엇을 보고 느끼고
배우는지 정확하게 확인할 수는 없어도 좋아하는
얼굴을 보면 학교공간이 아니라 넓은 곳에 나와

그림 이수복

73

맑은 공기를 마시고 푸른 하늘을 보는 것만으로도 아이들의 정신건
강에 많은 도움이 되는 것 같다.

그러나 이 아이들에게 자연을 통한 친환경교육을 요즘 같은 학
교현실에서 자주 실천하기란 어려움이 많다. 도시의 학교에서는 어
디를 이동하려고 해도 이동수단이 필요하고, 담임교사의 손 외에도
많은 손길이 있어야 겨우 학교 밖으로 나올 수 있으니 말이다. 물론
경제적 · 법적으로 보안이 되어야 하는 부분도 상당히 많이 있다. 아
무튼 우리 아이들에게 자연을 가까이에서 느낄 수 있도록 많은 기회
를 주고 싶다. 그리고 딱딱한 가지에서 피어나는 연한 연두색 잎사귀
와 작은 돌멩이를 들어 올리며 땅속에서 고개를 힘차게 내미는 작은
새싹들의 힘찬 모습들을 보여주고 싶다.

소변보고 막 울어요

초등학교 1학년 우리 반에 주변의 사람들로부터 관심과 사랑 받기를 좋아하는 민호라는 아이가 있다. 다른 아이들도 그렇지만 민호는 유독 교사의 손을 끌어다가 자신의 얼굴에 대거나 손을 잡는 것을 즐거워한다. 쉬는 시간에 화장실에 다녀오라고 말하면 민호는 두 손으로 고추(?)를 잡고 있으면서도 화장실에 가지 않는다. 그래서 콕! 찍어 "민호야, 화장실에 갔다 와라."라고 말해야 한다.

물론 그렇게 말로만 하고 다른 데 신경을 쓰고 있으면 또 잘 가지 않는다. 그래서 화장실에 가는 것을 확인해야 하고 소변기에 바르게 서라, 바지를 내려라 등 자꾸 말을 해야 한다.

어린 장애아이들이 스스로 바지를 내리고 소변을 본다는 것은 박수를 쳐 주어야 할 상황이다(짝! 짝! 짝!). 그것은 일상생활에 대한 자발적인 능력이 있다는 것이고 앞으로의 지적·인지적 발달의 가능성이 보이는 것이다.

그런데 민호는 그 다음이 문제인데 소변을 보고 눈물을 흘리며 소리 높여 울어 버리는 것이다. 처음에는 고추가 아픈가 했는데 그것도 아니고, 오줌이 자기의 몸에서 빠져 나왔기 때문에 아까워서 우는 것일까? 물론 민호는 몸에 병이 있는 것도 아니고 가끔 집에서도 그런 행동을 보인다고 한다. 그동안 담임으로서 민호를 쭉 지켜본 나의 결론은 이렇다. '왜 바지도 내려주지 않고, 계속 칭찬해 주지도 않고, 지켜봐 주지도 않고, 혼자서 해결하게 하느냐'다. 민호녀석, 사랑은 일일이 모두를 해 줘야 하는 것이라고 생각하는가 보다.

네가 민영환이냐

우리 반 아이들은 그 행동특성이나 장애특성 그리고 학습의 특성 등이 비슷하기보다 여러 가지로 다른 모습을 보이고 있다.

아침에 등교하는 한 아이의 얼굴을 보니 피곤한 모습에 짜증이 좀 나 있는 얼굴이었다. 교실에 들어온 이 아이는 피곤한지 계속 눈을 감았다 떴다하며 손을 입에 넣기를 반복하였다.

손을 입에 넣지 말라고 하며 손에 묻은 침을 닦아주고 자리에 앉아 있도록 하였는데 자꾸 손을 입에 넣고 혀를 만지고 긁고 하였다. 그래서 입속을 살펴보니 혀에 빨갛게 혓바늘이 솟아 있었다. 그래서 아이를 보건실에 데리고 가서 혓바늘 치료를 받게 하였다. 그런데 교실로 돌아온 아이는 다시 자신의 혀를 괴롭히기 시작하였다. 그래서 교사가 가지고 있던 손수건을 입에 물려주었는데 그것도 잠시 아이는 자신의 혀를 꺼내놓고 긁고 누르고 때리더니 혀를 깨무는 것이었다.

아이의 혀끝은 파랗게 변해가고 입가에는 피가 흐르기 시작하였다. 그동안 내가 여러 가지 자해하는 모습을 보았지만 자신의 혀를 깨무는 녀석은 처음이었다.

'네가 민영환이냐? 혀를 깨물게. 그것도 담임 앞에서……' 부모님께 전화를 하여 상황을 설명하니 예전에도 그런 적이 있단다. 교실에서는 어떻게 해 줄 수 없어 이 아이를 조퇴시켰다. 그 후 이틀을 결석하고 다시 등교한 아이의 얼굴에는 언제 그랬냐는 듯 변함없는 미소가 있었고 해맑은 얼굴이었다.

교사는 이런 아이들을 보면 참으로 안타깝다. 가끔 교육의 한계를 넘어 예기치 못한 상황에서 어려움을 주는 경우가 발생하기 때문이다.

장애아이들이 다니는 학교나 장애인들이 생활하는 곳에서 자주 목격되는 장면 중에 자해하는 모습들이 있다. 그것은 다양한 모습으로 나타나는데 장애아이들이 손등을 물어뜯는 행동, 자신의 머리를 자꾸 때리거나 벽에 부딪히는 행동, 책상이나 의자에 박치기를 하는 행동, 자꾸 긁어서 피가 나는데도 계속하여 긁는 행동, 자신의 코를 자꾸 후벼서 피가 나게 하는 행동 등 다양한 모습으로 나타난다.

하지만 그런 행동을 한가지로 단정하여 해결해 가는 것은 결코 쉽지가 않다. 왜냐하면 그 행동 속에 장애아이가 담고 있는 뜻이 참으로 많기 때문이다. 그리고 같은 행동이라도 시간과 장소와 대하는 사람에 따라 장애아이 개인에 따라 해석을 달리해야 하는 경우가 많다. 특히 말을 못하는 장애아이들의 경우에 말이다. 그래도 장애아이들의 입장에서 찾아보면 이유와 그 해결책도 많이 있을 것 같다.

첫째, 아이가 몸이 아파서 견디기가 힘들어서다.

아마도 앞의 사례라고 보아지는데 자신의 몸이 아프거나 괴로워서 쉬고 싶은데 쉬지도 못하여 짜증내는 모습 중에 하나라고 생각된다. 이런 경우의 아동은 몸이 약하여 쉽게 지치고 밤에 숙면하지 못하는 아이다. 그런데 등교하여 의자에 앉아있는 것이 자신을 더욱 힘들게 하였고 혓바늘을 만지다가 더욱 아프고 가렵고 열이 나고 했을 것 같았다. 그래서 집에서 좀 쉬도록 하였다.

둘째, 관심을 끌기 위해서다.

처음으로 장애아이들을 돌보는 선생님들 가운데 아이가 손등을 물어뜯고 있는데 그 아이에게 관심을 가지고 달려오지 않을 선생님은 없을 것이다. 장애아이는 선생님이 자신에게 관심을 가지고 달려오는 것만 가지고도 속으로 기뻐할 것이다. 그래서 교사는 장애아이가 손등을 물어뜯을 때 그 행동의 이유를 생각해 보았으면 한다.

셋째, 습관화된 행동이다.

자신의 상처를 뜯고 벽을 치는 행동이 습관이 되어 그 행동이 스스로에게 강화가 되어 있는 경우다. 우리가 손가락으로 눈의 위를 지그시 누르면 하나의 물건이 두개로 보이는 경우가 있다. 그런 것을 즐길 수도 있고 머리를 부딪치며 신체적으로 느끼는 감각을 좋아할 수도 있다. 이런 이유로 벽에 머리를 심하게 박는 경우 보호헬멧을 착용해 주기도 한다.

넷째, 주어진 과제를 피하고 싶어서다.

글씨 쓰기, 그림 그리기, 학습하기 등이 싫어서 반항⑦하는 것이다. 그런 경우 교사가 더욱 재미있고 흥미있게 진행을 해야겠다는 생각을 먼저 했으면 좋겠다. 하지만 아이 수준에 맞추어 즐겁게 수업을 진행하는 것이 쉽지가 않다.

다섯째, 자신의 요구사항이 따로 있다.

자신에게 주어진 장난감이나 놀이보다 다른 것을 원할 때 하는 행동이다. 아마도 이런 아동은 지능이 떨어지거나 말을 못하는 경우일 것이다. 그렇다고 무조건 아이에게 맞추어 진행할 수는 없다. 이런 경우 교사에게는 더욱 단호함이 있었으면 좋겠다. 아이에게 어떻게 자신의 요구를 표현할 수 있는지 방법을 가르쳐 주어야 한다. 그리고 그 방법을 사용하지 않고 자해로 표현한다면 장애아이는 그 목표를 이루지 못하게 해야 효과적이다.

그럼에도 장애아이들과 생활을 하며 가끔 교육의 한계를 넘어 어려움을 주는 경우가 발생한다. 교육적인 지식과 열정만으로 해결되지 않는 부분도 많다는 것이다. 그것은 아마도 장애아이들을 통해 우리들이 느끼고 변해야 할 것이 많아서 신이 감추어 놓은 크고 놀라운 비밀의 방인 것 같다.

'소아마비'란

이 세상에는 셀 수도 없을 정도로 많은 병들이 있는데 그럼에도 불구하고 새로운 병들은 지속적으로 발견되고 있는 추세다. 그리고 인간은 그 병마를 정복하고 극복하기 위해 끊임없이 노력하고 있지만 사실상 AIDS, 암과 같은 병들은 그 해결책을 발견하지 못한 채 계속적인 한계에 부딪히고 있다. 또한 발병 원인도 모르는 희귀병 역시 인간이 살아가는 데 많은 어려움을 주고 있다.

하지만 예전의 무서운 병이 지금은 별로 대수롭지 않게 여겨지기도 한다. 그 중에 하나로 소아마비를 들 수 있는데 1950~1960년대까지만 해도 우리나라에는 소아마비 장애아동들을 쉽게 발견할 수 있었다. 이 소아마비는 대부분 유아나 어린아이들에게 발생한다 하여 '소아마비'라고 하였다. 그러나 1960년대 중반부터는 예방접종을 하면서 소아마비 아동의 숫자는 크게 줄었고 현재는 거의 찾아보기가 어려울 정도가 되었다.

어떤 사람들은 이 소아마비를 뇌성마비와 같은 것으로 생각하는 경향도 있다. 물론 둘 다 교육법으로는 지체장애인이고 복지법으로는 지체장애와 뇌병변장애로 분류된다. 그러나 뇌성마비는 뇌의 손상으로 운동능력에 영향을 준다면, 소아마비는 뇌가 아닌 중추신경의 손상이라 할 수 있어 원인과 증상이 각기 다르다.

소아마비를 일으키는 원인은 폴리오 바이러스(polio virus)인데 음식물 등을 통하여 체내에 침투한다. 이후 중추신경에 급성으로 작용하여 척추전각 세포를 파괴하고 팔이나 다리의 기능에 치명적인 영향을 미친다. 즉, 소아마비는 인간의 몸에 들어온 바이러스가 인간의 하지나 상지에 이완성 마비를 일으키거나 근육을 쇠약하게 만들어 계속 자라지 못하게 하는 경우다.

나의 친척 남동생도 소아마비를 앓았다. 지금은 대학교를 졸업하여 대기업에 다니고 있는데 그 자신에게는 장애가 거의 문제가 되지 않는 것 같았다. 오히려 일반사람들 속에서 생활하기보다 일부러 장애인들과 어울려 자신의 장애를 받아들이고 있다. 그래서 정작 본인은 다리를 약간 절을 뿐인데 하지 지체장애인들이 앉아서 하는 배구를 즐기기도 한다.

우리는 장애인에 대한 편견을 많이 가지고 있다. 이 편견이 우리에게나 장애인들에게 어떤 부작용을 주는지 생각해 보자. 그리고 모두에게 유익함이 전혀 없는 것이라면 과감히 버리고 긍정적인 생각을 갖도록 노력하자.

수영과 여름방학

무더운 여름이 시작되면 때로는 교실수업이 어려울 때가 있다. 어떤 아이는 시간만 나면 졸기 일쑤이고, 어떤 아이는 의자에 앉아 있는 것이 힘든지 장난감을 찾아 자꾸 일어난다.

그래서 날씨가 더운 여름에는 수업하는 일이 교사나 아이들에게 부담이 되기도 한다. 그런데 다행이도 우리 학교에는 미니 수영장이 있어 여름나는데 좋다. 수영은 일주일에 하루씩 2시간 동안만 할 수 있고, 전교생이 돌아가면서 사용하기 때문에 시간을 마음껏 사용하지 못한다. 그래도 아이들은 이 시간을 마냥 즐거워한다.

하지만 물을 싫어하는 우리 반의 한 아이는 수영장 근처만 가도 미리 울상이고 낑낑(?) 거린다. 대부분의 아이들은 물을 좋아하는 편인데 말이다.

아이들아, 신나게 물장구치고 즐겁게 놀자. 이제 곧 방학이다. 방학하면 몸도 마음도 더욱 건강하게 지내고 오거라.

"자! 물놀이 신나게 해야지!"

그림 이수복

83

행복한 만남

긴 여름방학을 마치고 개학을 하니 곧바로 학교 일정이 바쁘게 돌아간다. 지난주에 초등부 1~3학년 아이들과 함께 경기도 가평에 위치한 자연학습원에 갔다. 1학기 때도 왔었는데 그때는 우리 반 아이들이 경험이 없었고, 엄마와 처음 떨어져서인지 잠도 잘 자지 않았는데 이번에는 아주 생활을 잘 했다.

아이들과 함께 등산도 하고 내려올 때는 계곡에 들어가서 발을 담그고 놀았다. 저녁에는 들판도 걸어보고, 어두운 밤에는 캠프파이어도 하며 춤도 추고 노래도 했다. 그날 밤에는 어느 정도 잠을 못잘 것을 각오하고 아이들과 함께 잠자리에 누웠는데 신통하게도 아이들은 비교적 일찍 모두 잠을 청했다. 그리고 밥도 학교에서 보다 잘 먹었다.

수련원 활동을 마치고 돌아오면서 곰곰이 생각해 보았다. 우리 반 아이들이 1학기에 한 번, 방학 때 한 번 그리고 2학기에 한 번 이런 수련원 활동이 반복되다보니 그리 힘들어하지 않는 것 같다는 생각이다.

결과적으로 우리 장애아이들의 교육은 동네, 놀이터, 가게, 식당 등의 생활 속에서 경험을 많이 해야 한다는 것이다. 우리 아이들이 숫자 하나 더 알고 단어 하나 더 아는 것보다 소중한 경험들이니까 말이다. 앞으로도 아이들에게 세상 경험을 많이 시켜 주었으면 좋겠다.

장애학생과 생활중심 교육

생활중심 교육이란 장애학생들을 전통적 방법인 교과별 이론중심으로 교육하는 것이 아니다. 장기적인 안목에서 장애학생들이 성인이 되었을 때 지역사회라는 생활환경에서 살아가는 데 필요한 실제적인 기능을 교육하는 것이다.

그러므로 이 교육을 하기 위해서는 학교의 교육방법이 바뀌어야 하며 지역사회의 협조가 절실히 필요하다. 현재 많은 장애학생들이 학교 교육현장에서는 1,000 − 600 = 400이라고 대답할 수 있으나 실제 슈퍼에 가서 물건을 사오라고 하면 계산을 하지 못하는 경우가 허다하다.

이런 경우 장애학생에 대한 이론적인 수학 공부보다는 이 아이를 슈퍼로 직접 데리고 가서 물건을 사는 실제적인 교육을 해야 한다. 이러한 교육을 쉽게 말해 생활중심 교육이라고 할 수 있다. 생활중심 교육의 특징을 알아보면 다음과 같다.

첫째, 장애학생에게 적절한 기술을 제공하여 완전한 시민으로 사회에 참여하도록 하는 기능주의다.

둘째, 장애학생의 개인적인 만족과 삶의 질을 추구하는 인간주의다.

셋째, 장애학생의 정신연령에 맞추는 교육이 아니라 생활연령에 적합한 교육을 실시한다.

넷째, 성인이 되어 직업, 주거, 사회환경에 적합한 생활을 하는데 필요한 기술을 제공하며 일반사람과 장애인을 위하여 통합교육을 지향한다.

다섯째, 장애를 개인의 문제로 인식하지 않고 사회의 문제로 인식하며 지역사회에 대한 생태학적 접근을 한다. 즉, 이들의 사회적응을 위하여 잘못된 사회적 조건은 개선하고 보완해 간다.

여섯째, 지금까지의 학교 교실중심의 교육이 아니라 장애를 가진 아이가 직접 살아갈 지역사회 중심의 교육으로 전환해야 한다.

그러면 생활중심 교육을 하기 위해서는 어떤 내용으로 교육과정을 삼아야 할까? 학교의 교실과 지역사회에서는 어떤 내용을 가르쳐야 하는지 알아보고자 한다.

첫째, 여러 장소에서 빈번히 사용될 수 있는 기술을 우선하여 가르쳐야 한다. 예를 들면, 엘리베이터를 이용하는 방법은 스키장에서 스키타는 것보다 우선적으로 가르쳐야 하는 것이다.

둘째, 장애학생이 하지 못하거나 스스로 하지 않으면 그 부모나 교사가 대신하여야 하는 필수적인 기능을 가르쳐야 한다. 즉, 대소변 처리, 식생활, 의생활 문제 등을 말한다.

셋째, 장애학생의 정신연령이 낮아도 생활에 필요한 기술을 가르쳐야 한다. 즉, 15세의 중학생에게 퍼즐 맞추기보다는 다양한 요리하기, 설거지 하는 기술을 가르쳐야 한다는 것이다.

넷째, 성인이 되어서까지 오랫동안 필요한 기술을 가르쳐야 한다. 즉, 장애학생이 젓가락을 사용하는 방법을 익힌다면 성인이 되어도 계속하여 사용할 수 있다.

다섯째, 적용범위가 넓은 기술을 가르칠수록 좋다. 즉, 단순한 공차기 보다 경기방법이나 게임을 알려 주는 것이다.

여섯째, 장애학생의 의사를 반영한 내용이라면 성취동기와 의사결정력을 높여 줄 수 있다.

일곱째, 부모의 의사를 반영한 내용이어야 가정과 연계된 교육을 할 수 있다. 즉, 기능적인 기술은 결국 가정에서 제일 많이 사용하게 된다는 것이다.

여덟째, 일반인과의 교제를 넓혀 주는 내용이어야 상호작용할 수 있다.

하지만 아직 학교교육이 준비되지 못한 부분이 많은 것 같아 안타깝다.

숫자를 몰라도

초등학교 1학년인 우리 반 아이들이 아침마다 우유를 먹고 있는데 우유급식소에서 정확하게 5개를 가져와야 한다.

그런데 우리 반에는 숫자를 아는 친구가 한명도 없다. 그래서 매번 교사가 아이들의 손을 잡고 우유를 가져와야 하는 상황이 발생하곤 한다. 그래서 교사는 고민끝에 우리 반 아이들을 위해 바구니에 칸막이를 만들고 숫자를 써 넣어 아이들에게 우유를 담아 오도록 했다. 아직 어리고 숫자를 모르는 우리 반 아이들이 우유를 정확하게 가져올 수 있을까 하는 의문도 조금은 들었다.

처음에는 우리 반에서 제일 똑똑한 친구를 우유 급식하는 장소에 보내어 놓고 미행을 했다. 급식소에 들어간 아이는 한참을 기다리게 하더니 정확하게 우유 5개를 담아서 가지고 나왔다. 그래서 내가 칭찬을 마구 해 주었다. 지금도 그 아이는 우유당번이 되어 당연히 우유를 가져오고 있다. 물론 숫자는 아직도 모르지만 말이다.

기특한 아이를 보며 그동안 공부를 못한다고, 무엇을 모른다고 무시하고 혼내고 기회를 주지 않은 일은 없었나 반성해 본다.

가을 운동회

우리학교에 가을운동회가 있었다. 우리 학년은 청바지에 흰 티셔츠를 입고 우리나라 지도를 가슴과 등에 새겨넣고 '우리의 소원은 통일'이란 주제의 매스게임을 했다.

그리고 15개의 순환경기 중에서 7가지를 골라 게임도 하고 중간에 달고나(뽑기)를 만들어 먹기도 했다. 그런데 이 뽑기는 아이들보다 어머니들이 더 좋아하시는 눈치였다. 신나는 가을 운동회에서는 줄다리기, 바구니 터트리기, 청백계주 등등이 있었다.

그리고 점심시간이 되자 우리 반 어머니들은 양푼 비빔밥을 준비하셨는데 아침에 교실에서 못 보던 그릇의 용도를 이제야 알 수 있었다. 대형 양푼에 따뜻한 밥, 여러 가지 야채와 김치 그리고 참기름을 넣고 쓱쓱~ 싹싹~

지금도 생각하니 막 먹고 싶어진다. 학교에서 열리는 가을 운동회는 비록 몸이 좀 힘들어도 보람있는 행사다.

다음의 글은 이번 가을 운동회 안내장에 실린 교사의 시다.

높은 하늘
맑은 공기
정다운 학교에서
운동회가 열렸다.

"청군! 이겨라."
"백군! 이겨라."
목청 높여 외치는 경진친구들.

이리 뛰고
저리 뛰고
선수만큼 뛰는 선생님들.

마음은 벌써 골인점
사람들 박수 속에
경진의 운동회가 익어간다.

친구들이 가을 속에 빠져든다.

감 이야기

가을이 되면 학교를 둘러싼 공원이 빨갛게 변하면서 우리 학교를 포위하는 형국이 된다. 가을에 포위된 우리 학교는 가을맞이를 준비하고 우리 교실 이곳저곳에 붉은 가을 빛을 물들인다.

나는 사계절 중에 가을을 제일 좋아한다. 가을이 되면 풍성한 모습들을 여기 저기에서 볼 수 있는데 특히 감에 대한 추억이 좋다. 어린 시절 시골에서 살았는데 집주변의 많은 감나무를 보고 자랐다. 가을이 되면 남동생과 함께 감나무 밑을 놀이터 삼아 빨갛게 익은 홍시를 따먹은 기억이 참 좋다.

때로는 너무 많은 감을 먹고 고생한 적도 있었는데, 감을 좋아하신다면 그 고생이 어떠한 것인지 잘 아실 것이다. 아쉬움과 답답함이 여러 번 교차하다가 결국은 시원하게 마무리할 거면서 고생시키는 것 말이다. 하하하…….

그래도 가을에 감이 주렁주렁 열려 있는 감나무를 보면 흐뭇해진다. 그 감들은 풍성함을 느끼게 해 주고 고향의 따스함을 전해 주는 멋진 가을의 추억 덩어리가 된다.

이 멋진 가을에 주황색으로 치장하고 반짝반짝 맛있게 빛나는 잘 익은 홍시(연시) 하나를 드셔보시라.

그림 **이수복**

장애아이의 조기교육

　요즘 들어 신세대 부모들이 즐겨 사용하는 교육용어 가운데 조기교육이라는 말이 있다. 자신의 자녀가 태어나서 아장아장 걷고 이곳저곳에 호기심을 많이 보일 때, 처음으로 말을 하고 주위의 사물들의 이름을 말할 때, 그 부모는 신기하고 세상에서 제일 예쁜 것이 자신의 아이라고 생각한다. 어느 부모는 자신들의 아이가 혹시 천재는 아닌가 하는 착각⑦에 빠지기도 하며 알차게 조기교육을 시키고 싶은 욕심도 갖는다.

　그러면 조기교육은 일반아이들에게만 해당되는 것인가? 물론 아니다. 오히려 장애를 갖고 있는 아이들에게 더욱 필요하다. 장애아이는 뇌에 손상을 가지고 있는 경우가 많은데 대부분 발달 초기에는 일반아이와 큰 차이가 없고 분별하기가 쉽지 않은 상태. 그렇다고 조기교육을 시키지 않으면 장애의 특성이 현저하게 나타나고 고정화된 모습을 갖게 되는데 이때는 조기교육을 시작하기에 이미 늦어버린 시기다. 그래서 장애에 대한 이해와 예견 그리고 발견은 더욱 중요하다.

　장애아이 조기교육의 필요성을 크게 두 가지로 말하면 다음과 같다.

　첫째, 영아기, 유아기 시기인 발달의 초기에는 신경계 변화의 폭

이 엄청나게 크다. 그래서 학습 및 신체 발달능력도 풍부하고 기능회복의 가능성과 뇌기능의 대행기능도 발달시킬 수 있기 때문이다.

둘째, 일차적인 장애에서 여러 가지로 파생될 수 있는 이차적인 문제를 예방할 수 있다. 이차적인 장애예방이 중요한 것은 발달과 뇌기능의 형성에는 일정한 순서가 있고 발달의 결정적 시기가 존재하기 때문이다.

어느 교수가 오리를 가지고 이런 실험을 했다. 자연상태에서 오리가 부화하는 순간에 어미 오리를 보여 주지 않고 자신이 오리새끼를 일정 기간 돌보는 것이다. 그리고 오리의 어미를 나중에 만나게 했는데 그 오리의 새끼들은 계속하여 이 교수만을 따라 다니는 현상을 보였다. 이렇듯 오리 새끼에게는 각인기가 있는데 자신이 처음 보고 만난 대상을 엄마로 각인한다는 것이다.

즉, 아이들에게도 이와 비슷한 시기가 있는데 이 시기를 놓치게 되면 학습되어야 할 기능의 습득이 곤란하고 잘못 익혀진 기능은 교정하기가 힘들다는 것이다.

낙엽을 날려요

　학교가 공원 안에 있어서 우리들은 공원의 모습을 날마다 보며 생활한다. 가을이 되면 공원에는 수많은 낙엽들이 이곳저곳에서 뒹굴고 공원을 관리하는 아저씨들이 빗자루로 낙엽을 쓸어 모으시던 모습을 많이 보게 된다.

　그런데 오늘은 아이들의 손을 잡고 학교주변을 걷다가 평소와는 다른 신기하고 재미있는 광경을 보았다. 아저씨들이 공원의 낙엽을 빗자루로 쓸지 않고 기계로 날리며 앞으로 앞으로 모아가는 것이었다. 옆에서 그 모습을 보고 있자 날리는 낙엽은 엉덩이가 간지럽다는 듯이 폴짝폴짝 뛰며 앞으로 달려가는 듯했다.

　깊어가는 가을, 길가에 뒹구는 낙엽을 보면 많은 사람들은 쓸쓸해 한다. 뒹구는 낙엽에 가까이 가서 후~ 불어 보면 어떨까? 쓸쓸함이 아니라 깔깔거리는 낙엽의 웃음소리를 들을 수도 있을 것이다.

어떻게 할까

학교에서 아이들과 점심을 먹은 후에는 아이들에게 이를 닦도록 지도한다. 우리 반 아이들 중에 스스로 제 이를 닦는 아이는 아무도 없기 때문에 교사가 한 명 한 명의 이를 일일히 닦아 주곤 한다.

한 아이는 칫솔에 치약을 묻혀 주면 그래도 제법 흉내를 내어 이리저리 칫솔질을 하고 입을 헹구곤 한다. 다른 아이들은 모두 이를 닦아주고 나서야 마지못해 물컵을 건네받아 입을 헹군다. 문제는 한 아이가 계속해서 헹구어야 할 물을 마시는 것이다. 마시면 안 된다며 친구들과 교사가 시범을 보여주고 물을 뱉도록 유도했지만 아직도 헹구어야 할 물을 마시고 있다.

아마, 이 아이의 위장은 하얗고 깨끗할 것 같다. 그래도 아이 스스로 입을 헹구게 하고 싶은데 아직 더 성장을 해야 하는 걸까? 아니면 더 좋은 방법이 있을까? 마땅히 생각나지 않는다. 하지만 방법이 없어도 지도는 계속해야겠다. 시간이 흘러 언젠가는 멋진 모습으로 이를 닦고 헹구는 모습을 볼 수도 있을테니 말이다.

늦가을에 알밤을 생각하며

이 가을에 알밤이 생각나서 적어 본다. 가을에는 들판의 누런 곡식들과 과수나무에 잘 익은 풍성한 과일들이 참 보기에 좋다.

시장을 둘러보다
됫박에 쌓인 소복한
알밤을 본다.

지난 이른 추석
밤송이를 벌리니
아직도 푸르딩딩

밤송이를 벌리려고
신발로 꾹꾹
이 녀석들 꺼내려고
막대기로 푹푹
엄지 검지 모두 찔려
포기를 했지.

그림 **이수복**

밤송이만 때려주니

다 익으면 문 여는데

고것 성격 고약하다.

……

고구마나 삶아먹자.

푹— 푹—

신발 신기

장애아이들과 생활하다 보면 교사로서 우선적으로 바람이 하나 생기는데 그것은 아이가 기본적인 생활습관을 갖는 것이다. 스스로 자신의 가방이나 다른 물건을 챙기는 것, 숟가락이나 젓가락, 포크를 사용하여 밥을 먹고 식판을 정리하는 것, 스스로 옷을 입거나 벗는 것 등등 우리들의 일상적인 모습을 생각해 보면 쉬운 일이지만 어린 장애아이들은 대부분 이러한 기초적인 부분마저 힘들어 하는 경우가 많다. 그리고 교사입장에서 볼 때 아이가 충분히 할 수 있는 능력이 있음에도 불구하고 하지 못하고 있을 때 더욱 안타까운 마음이 생긴다.

처음에는 신발을 신겨줘야 하고 벗겨줘야 했던 아이들이 지금은 스스로 신발을 벗어 신발장에 넣을 수 있고 스스로 실내화를 신을 수도 있다. 물론 아직도 완벽하지 못해 조금의 도움은 받고 있지만······ 아마 시간이 더 지나면 완벽하게 신발을 신고 벗는 모습을 볼 수 있을 것이다.

많은 부모님들은 어린 자녀에게 장애가 발견되면 아이가 불쌍하기도 하고 안쓰러운 생각때문에 과잉보호하는 경향이 생기곤 한다. 그래서 좀 더 강하게 가르쳐야 하고 체계적으로 접근해야 할 필요성이 많아짐에도 불구하고 못하는 경우가 많다.

그래도 교사에게 기쁨이 되는 것은 많은 학부모들이 자녀의 부족함을 인정하고 교사와 같이 개선해 보려고 시도하는 모습이다. 학교에 입학하기 전에는 장애아이가 가정에서 보내는 시간이 많아서 주로 엄마들이 무슨 교육이나 훈련을 시키려고 해도 아이보다 먼저 지치기 일쑤였다. 하지만 아이가 학교에 다니기 시작하면 아무래도 시간적으로나 정신적으로 부모에게 여유가 생기므로 다시 아이에게 교육을 할 수 있는 여력이 생긴다.

앞으로 주변에서 장애아이들을 양육하는 부모님들에게 힘을 주는 일이 많아졌으면 좋겠다. 부모가 기쁘게 웃을 수 있어야 장애아이가 밝게 자랄 수 있고 우리 교사도 신나게 교육을 할 수 있으니 말이다.

우리 모두 웃으며 삽시다.

'자폐성 장애'란

　많은 장애 중에서도 교육현장에서 교육에 가장 어려움을 느끼는 장애영역이 자폐성 장애다. '자폐(自閉)'는 말 그대로 '스스로 자신을 닫는다'는 뜻으로 자폐증은 그 아이가 보여주고 있는 행동특성을 가지고 판별한다. 그러다 보니 많은 장애아이들이 자폐가 아닌데도 자폐로 판별되는 경우가 많다.

　지금은 자폐증의 행동을 보이는 경우에도 무조건 자폐아이라고 하지 않고, 일부 소아 정신과나 아동 심리학자, 교육학자들에 의해 유사 자폐증과 순수 정서·행동장애 등으로 구분하고 있다.

　자폐성 장애의 정의는 「장애인 등에 대한 특수교육법」에 "사회적 상호작용과 의사소통에 결함이 있고, 제한적이고 반복적인 관심과 활동을 보임으로써 교육적 성취 및 일상생활 적응에 도움이 필요한 사람"이라고 하였다. 「장애인복지법」에서는 "소아기 자폐증, 비전형적 자폐증에 따른 언어, 신체표현, 자기조절, 사회적응 기능 및 능력의 장애로 인하여 일상생활이나 사회생활에 상당한 제약을 받아 다른 사람의 도움이 필요한 사람"이라고 하였다.

　자폐아이들은 1943년 미국의 캐너(L.kanner) 교수에 의해 세상에 처음 소개되었다. 그러나 소개되는 초기부터 자폐아이에 대한 많은 오해와 의심을 받았고 그 부모까지도 세상의 따가운 시선을 받아야만 했다. 그 이유는 자폐아이들의 특성과 함께 그 부모가 고학력의 인텔리층이 많고 경제적으로도 여유가 있었으며, 자녀교육에 있어서 냉담한 편이라는 의학계 보고가 있었기 때문이다. 결국 자폐아이는 그 가정의 환경과 부모의 양육태도가 잘못되어서 생겨났다는 시각이 많았다. 그러나 요즘은 의료 기술의 발달로 인해 자폐의 원인이 미세 뇌기능의 이상 징후라는 의견이 지배적이다. 자폐의 원인이 환경적인 이유, 즉 부모의 양육 태도라는 의견 때문에 속으로 마음 아파했던 자폐아이의 부모들이 생각난다. 우리는 장애의 원인에 대하여 너무 쉽게 속단하고 판단하지 않아야 한다. 우리도 예기치 못한 상황에서 오해를 받고 변명도 못하는 경우들이 있으니 말이다.

장애아이의 부모마음

　　장애아이를 둔 많은 부모님들을 만나보면 그들의 수고와 고통을 알 수 있다. 학교에서도 부모님들은 교사에게 미안해하기도 하고 지역사회에서 만나는 사람들의 눈치를 보며 생활하기도 한다. 물론 반대로 너무도(?) 당당하게 요구하고 따지는 경우도 있으나 우리 모두는 이들의 어려움을 덜어주기 위하여 나서야 한다.

　　장애아이를 두었다고
　　쳐다보지 마세요.
　　나에게는 양육하는 일
　　외에는 책임이 없답니다.

　　나의 마음 이해한다고
　　함부로 말하지 마세요.
　　당해보지 않은 자는
　　결코 알 수 없으니까요.

우리 아이가 힘들게
했다면 이해하세요.
장애를 가진 아이가
이해하는 것보다 쉬울 거예요.

고생한다고
말하지 마세요.
나도 하나님 앞에
상급이 있으니까요.

기도해 주시겠어요?
때로는 기도조차도 어렵답니다.

새로 만난 친구들

　3월은 새로움이 많은 달이다. 차가운 겨울바람이 따스한 봄바람으로 바뀌고 조금은 썰렁하던 풍경도 연두색 새싹들이 나오면서 생기있는 모습으로 바뀐다. 학교에서는 3월이 되면 담임이 바뀌고 새로운 아이들을 만나며 교실이 바뀐다. 때로는 담당 업무도 바뀌어서 일 년 중에서 제일 바쁜 달이 3월이다.

　올해 특수학교에서 새로 만난 우리 반은 5학년 친구들이다. 여자 친구들은 한명도 없고 모두 개구쟁이 남자아이들로만 구성되었다. 여자 아이가 한 명도 없다는 것이 아쉽기도 하였지만 없는 그대로 또 매력이 있었다.

　우리 반 아이들을 소개하면 이렇다.

　큰 눈을 가지고 웃으며 쳐다보다가도 음악만 나오면 몸을 흔들며 뛰는 멋쟁이 조영훈

　큰 키와 큰 덩치를 가지고 자기가 하고 싶은 일은 어떠한 어려움에도 꼭 하고야 마는 은근과 끈기로 뭉친 우리의 호프 허준

　몸이 아파서 자주 결석하며 자기 마음대로 몸을 조절할 수 없지만 대답을 잘하고 웃음이 많은 김민기

　가방이나 알림장 등 자기 물건을 챙기라면 별 반응이 없다가도 쓰고 오리고 붙이고 하는 학습에는 재빠른 고영창

쉴 틈 없이 질문하고 확인하며 교사를 도와주려는 우리 반의 심부름꾼 착한 윤용빈

하루 종일 무슨 일이 있었는지 그리고 무슨 이야기를 들었는지 중계방송을 잘하는 멋지게 생긴 장진영

있는 듯이 없는 듯이 조용히 자리를 지키며 자신에게 주어진 일을 꾸준히 하는 모범생 백경인

덩치에 비하여 겁이 많고 귀여운 소리를 내는 귀염둥이 강영훈

이렇게 8명이 새로 만난 우리 반 친구들이다.

작년에 맡았던 1학년 반에 비하면 한참 형님들이어서 제법 믿음직스럽다. 또한 교사의 말을 잘 알아듣고 따라 주는 것을 보니 역시 교육이 아이들의 성장과 발달에 효과적인 면이 있음을 입증하는 것 같다. 우리 반 친구들아! 올 한 해도 선생님과 함께 날마다 웃으며 즐겁게 생활하자. 알겠지? 우리 모두 손 모으고 아자! 아자! 화이팅!

엄마는 나쁜 생기

　엄마는 나쁜 생기, 아마 '엄마는 나쁜 생기'가 무슨 뜻인지 궁금해 하는 사람들이 많을 것이다. 이는 발달장애가 있는 우리 반 아이가 엄마에 대한 감정을 일기에 적은 것이다.

　아이의 어머니는 밤늦은 시간에 아이스크림을 먹겠다고 하는 아이에게 시간이 늦었으니 먹지 말라고 하였는데 이 친구는 아이스크림이 무척이나 먹고 싶었나 보다. 그래서 심통이 난 이 친구는 동생의 잠옷을 입겠다며 떼를 쓰다가 결국 엄마에게 혼이 났다. 그 후에 이 친구는 엄마는 나쁜 생기(나쁜 새끼)라며 일기를 쓰고 잠이 들었다는 것이다. 이 어머니는 그런 아들의 일기를 보고 그래도 화가 나지 않았단다.

　왜냐하면 발달장애아이들은 자기감정 표현을 바르게 하지 못하는 경향이 아주 많기 때문인데 이 친구는 그래도 잘 했기 때문이다. 일반 아이들은 자신이 먹기 싫으면 "먹기 싫어요." 먹고 싶으면 "먹고 싶어요."를 쉽게 표현하는데 발달장애아이들은 주로 행동으로 표현하는 경우가 많고 그런 표현도 어려우면 싫어도 그냥 받아들이는 경우가 많다.

　그래도 이 친구는 말을 잘하는 편이고 글로 표현할 수 있어 다행이다. 발달장애아이를 둔 부모님들은 아이에게 자기주장을 할 수 있는 기회를 많이 제공하는 것이 좋다. 또한 아이가 아무 표현을 하지 못한다 해도 아이의 입장을 존중해 주는 것이 중요하다. 비록 표현이 욕일지라도 말이다. 욕은 바로 잡아주면 되지만 마음속에서 응어리진 욕구가 겉으로 나오지 못하는 것은 더 큰 문제를 가져올 수 있기 때문이다.

그림 **이수복**

머리 잘린 장미꽃

　　지난 토요일은 스승의 날이었는데 발달장애를 가진 아이가 버스에서 내리며 반가운 얼굴로 꽃을 전해 주었다. 이 날 아이는 꽃과 함께 예쁜 카드를 직접 써서 내게 주었다. 그런데 버스 안에서 자꾸 꽃을 만지다가 부러진 모양이다. 두 동강이 난 장미꽃, 그래도 기분 좋은 꽃이다. 아이야, 고맙다. 그리고 사랑한다!

　　스승의 날에
　　아침햇살 등에 지고
　　아이들이 버스에서 내린다.

　　한 아이가 비닐에 포장된
　　장미 한 송이를 불쑥 내민다.

　　고마움과 반가움에 건네받은
　　장미꽃
　　꽃이 이상하다.

아이는 수줍은 얼굴로
눈을 마주치며
또 하나를 건넨다.

상처 난 손등을 위로하며
조용히 전해 주는 빨간 꽃덩어리
진짜 장미꽃이다.

이제야 받았다.
장미꽃
사랑 덩어릴

쿠키 만들기

　요즘 세상은 참 좋아졌다는 생각이 든다. 왜냐하면 쿠키를 집이나 학교에서도 쉽게 만들어 먹을 수 있기 때문이다.

　이번 주의 요리 수업은 쿠키 만들기다. 우선 준비물은 쿠키믹스, 계란, 버터, 밀가루 그리고 전기 오븐이다. 대신 오븐이 작아서 프라이팬도 같이 사용하였다. 쿠키믹스는 슈퍼에서 파는 제품으로 쉽게 반죽하여 쿠키를 만들 수 있도록 포장이 잘 되어 있었다.

　아이들에게는 쟁반 위에 밀가루를 뿌려주고 반죽 덩어리를 주면서 밀대를 이용해 반죽을 넓게 펴도록 하였다. 그런데 아이들 모두가 서로 하려고 달려들어 돌아가면서 반죽을 누르도록 해야 했다. 그리고 다양한 모양의 쿠키 커터기를 이용하여 여러 가지 모양을 만든 다음 전기오븐에 올려놓았다. 아이들은 쿠키가 구워지면서 나는 맛있는 냄새가 진동하자 다른 활동을 하다가도 자꾸 오븐에 와서 쿠키의 상태를 확인하고 자리로 돌아가곤 하였다.

　약 15분 정도가 지나서 쿠키가 모두 익자 아이들은 환호를 하며 교사가 쿠키를 나누어 주기를 기다렸다. 아이들의 간식접시에 쿠키를 나누어 주며 먹도록 하였는데 행복해 하는 아이들의 표정을 보며 교사의 마음도 무척이나 즐거웠다. 아이들은 교과서와 학습지를 이용하여 수업하는 것보다 이런 요리활동을 좋아하는데 여러 여건상

학교에서 자주할 수가 없어서 아쉬움이 많다. 그래도 부모님들의 협조가 있고 좋은 정보도 주시고 준비도 잘해 주어서 아이들의 행복한 시간이 많아져서 기쁘다.

교생과 아이들

이번 5월에는 우리 반에 교육실습생(교생)이 두 명이나 나왔다. 대학에서 특수교육을 전공하는 4학년 교생들이다. 우리나라 교직이 여성화가 되고 있어 대부분의 교생들이 여학생이다.

교생이 나오면 우리 반 아이들은 신이 난다. 교생을 좋아하는 것은 일반아이들이나 장애아이들이나 마찬가지인 것 같다. 교생이 첫날 인사를 하고 가슴에 명찰을 달고 다니는데 우리 반의 영민이는 벌써 이름과 학교를 외우고 자꾸 교생 이름을 불러 본다.

교생이 수업을 하면 우리 반 아이들은 말을 잘 듣지 않는다. 교생이 수업하는 내용보다는 교생에 더 관심을 보이기 때문이다. 우리 반에서 제일 덩치가 큰 아이는 수업하는 교생을 자꾸 끌고 교실 한쪽으로 데려가곤 한다. 자신이 하고 싶은 일을 교생의 손을 빌려서 하려는 것이다. 즉, 물이나 음료수를 먹는다든지 자신이 가져가고 싶은 것을 교생의 손을 끌어서 가져오게 한다든지 자신의 요구를 교생의 손을 빌려서 해결하려는 것이다.

아이들은 담임의 눈치는 살펴도 교생이 마냥 편한가 보다. 아이들과 함께하는 한 달이 교생에게는 소중한 기억이 되고, 우리 아이들에게는 신선함을 느끼며 어리광을 부려보는 기간이 되기도 한다.

오늘부터는 교생이 오지 않는다. 영민이는 벌써 알고 교생선생님이 대학교로 돌아가서 없다고 얘기한다.

"그래, 맞아. 이제는 교생선생님이 오시지 않아. 선생님하고 더 재미있게 공부하자!"

"예, 선생님 말씀 잘 들을게요."

"알았어, 야~ 허정길 자리에 앉아야지 어딜 돌아다녀!"

교사는 아이들에게 자신의 존재감을 다시 심어 준다. 그리고 교생에 대한 기억과 교생의 존재는 아이들에게 기분 좋은 추억으로 남을 것이라 생각한다.

공부는 싫어요

　여름을 맞이하여 우리 학교에서는 수영시간을 마련하였다. 수영장이 학교 지하에 있어서 편리하게 아이들을 데리고 갈 수 있기 때문에 이번 주에 처음으로 우리 반 아이들을 데리고 수영장에 가 보았다. 수영을 지도해 주시는 체육교사가 별도로 있어서 담임은 안전요원으로 아이들을 챙겨 주는 역할만 하면 된다.

　아이들은 수영복을 갈아입고 준비체조를 끝낸 뒤 물속에 들어갔다. 물속에 들어간 아이들은 모두가 신이 난 얼굴에 웃음이 가득하였고, 특히 날마다 교사의 손을 잡고 다니는 용현이는 물에서 만큼은 자신있다는 듯이 뛰어놀았다.

　그동안 담임의 손을 잡고 다니며 교사의 도움을 가장 많이 받았던 용현이는 물에 들어가자마자 선생님께 보란 듯이 자신의 수영솜씨를 발휘하였다. 뒤로 누워서 여유롭게 배영하는 모습을 보여주는가 하면 물속에 고개를 박고 한참동안 물고기(?)와 대화를 나누기도 하였다.

　'용현아! 너가 제일 잘하는 것이 수영이었구나!'라는 생각을 하며 교사는 열심히 구경을 하였다. 누구에게든지 잘하는 것이 있는데 우리들은 못하는 것에 초점을 맞추고 잘하라고 소리를 지른다. 아이들이 자랑스럽고 사랑스러운 일도 많은데 자꾸 다른 것을 요구하며 글자를 배우고 숫자를 쓰라고 한다.

　　오늘도 그렇게 하루를 보내고 집에 간 아이들이 그런 선생님을
어떻게 보고 있을까?

'레트 증후군'이란

　　현대의 의학과 과학이 고도로 발전하면서 그동안 인간들은 수많은 질병들을 퇴치하여 왔다. 하지만 새롭게 출현하는 또 다른 질병들을 따라 잡는다는 것이 인간의 힘으로는 여간 어려운 일이 아니다. 지금 소개하는 '레트 증후군'은 여자아이에게만 나타나는 신경질환으로 출생 9개월 이후에 나타난다. 의학계에 처음 보고된 것은 1966년 Andreas Rett에 의해서다. 그러나 아직 그 원인이 무엇인지 예방과 치료는 어떻게 해야 하는지 명확하게 밝혀지지 않았다.

　　이 병은 1983년이 지나서야 여러 학계에서 관심을 갖고 연구하기 시작했는데 여자아이에게만 나타나므로 X염색체가 이 질병과 관련이 있을 것이라는 추측만 할 뿐이다. 출현율은 여자아이 10,000명당 1명꼴로 나타나고 있으며, 이 증상의 여자아이들은 행동상에 이상한 증상을 나타내고 운동능력이 퇴화되며, 머리의 성장이 저하되고, 4세경 부터는 손과 손을 비틀고 또 손을 입에 넣는 특징적인 행동을 한다. 더욱 안타까운 것은 50%의 아이들은 간질을 동반하며 약으로도 조절이 잘 안 되는 경우가 많다는 것이다.

　　그러면 레트 증후군의 진단 기준을 한번 알아보자.

　　첫째, 6~8개월까지는 정상적으로 성장하고 발달한다.

　　둘째, 출생 시에는 정상적인 머리 크기를 가지나 6개월 후부터는 소두증의 증상을 나타낸다.

셋째, 인지적 기능의 장애와 함께 이미 습득한 행동이나 사회적·정신적인 기술들이 점차적으로 소실된다.

넷째, 손 씻는 것, 손 비틀기, 손뼉치기, 손 입에 넣기 등 특징적인 행동을 깨어있는 동안 계속적으로 반복한다.

다섯째, 몸을 떨거나 다리나 팔을 떠는데, 흥분하거나 안절부절하는 경우가 점점 심해진다.

여섯째, 불안정하게 발을 벌리고 뻗정다리로 걷거나, 발끝으로 걷기도 한다.

일곱째, 2~5세에 이르면 숙지되었던 손의 조화운동 능력이 상실된다.

레트 증후군의 교육과 치료방법을 알아보면 레트 증후군은 자폐증 아이들과 비슷한 면도 조금 있으나 이들과는 달리 병에 대한 증상이 뚜렷하게 구분된다. 또한 그들은 심한 정서적·행동적 특성에 대한 개별교육을 필요로 한다. 이런 아이들은 자신의 감정에 따른 표현만을 할 수 있다. 그래서 교사는 이들의 이상한 표현과 행동을 이해하고 아이들이 교사를 신뢰하고 편안하게 만날 수 있도록 하여 증후군 아이들이 안정감과 행복감을 느끼도록 해야 한다.

이런 아이에게 필요한 교육과 치료방법은 다음과 같다.

첫째, 물리적 훈련이 있다. 물리치료를 통하여 관절의 강직이나 변형을 방지하고, 운동력을 향상시킬 수 있도록 보행 훈련을 시켜 근력을 증강시켜야 한다.

둘째, 언어 소통훈련이 필요하다. 언어와 어떤 표현, 표시 등으로 자신의 의사를 표현할 수 있도록 지도해야 한다.

셋째, 인지훈련이 필요하다. 장난감이나 물건을 통하여 흥미를 유발시키고 관심을 갖도록 자극하는 것이다.

넷째, 수 치료법을 사용할 수 있다. 수 치료법은 신체근육을 이완시키고 운동력을 향상시켜 줄 수 있다.

다섯째, 음악치료법이다. 유럽, 미국, 일본에서 실시하고 있으며 의사소통에 효과가 있고 강박적인 손 운동이 감소되며, 주의력을 증강시키는 데 효과가 있다.

아직 학교에서 레트 증후군으로 진단받은 아이를 만나지는 못했지만 유사한 특징들로 인하여 의심이 가는 어떤 아이가 생각이 난다. 그리고 제발 레트 증후군이 아니기를 바라는 마음이 생겼다. 또한 앞에서 열거하지는 않았지만 이런 아이들이 4~5세 경에는 불규칙한 호흡을 하기도 하는데 과호흡을 하여 부모를 놀라게 하기도 한다는 말을 들었다. 하루빨리 이런 장애로 인하여 어려움을 당하는 아이들에게 의학적·교육적으로 기쁜 소식들이 전해지길 바라는 마음이다.

강낭콩 이야기

지난 봄에 우리 반 아이들과 함께 여러 개의 화분에 강낭콩을 심었다. 과학시간에 식물의 싹 관찰하기를 마치고 20여 개의 강낭콩을 심은 것이다. 우리 반 아이들 중에 똑똑이 친구 영훈이는 매일 아침 화분에 물을 열심히 주었다. 하루에도 여러 번씩 물을 주어 화분과 물받이에는 언제나 물이 가득했다. 그래서 하루에 한 번 조금만 주라고 말을 했지만 너무 자주 물을 주어 결국 대부분이 죽고 강낭콩 3그루만이 살아남아 자랄 수 있었다.

강낭콩 새싹은 날마다 어찌나 잘 자라는지 교사도 신기하기만 했다. 물론 아이들도 좋아하며 날마다 관심을 가졌고 무럭무럭 자란 강낭콩이 꽃을 피우고 콩이 열리는 모습까지 관찰할 수 있었다. 강낭콩 옆에서 자라는 방울토마토는 익기도 전에 따서 먹기도 하였고, 어떤 방울토마토는 가지에 붙어는 있으나 누군가의 이 자국이 선명한 상처를 가지고 있었다. 물론 누구의 이 자국인지 교사는 알고 있다.

하지만 강낭콩은 아무도 당기거나 따지 않아서 날마다 무럭무럭 잘 자랐다. 앞으로 이 강낭콩이 더 자라고 콩이 여물면 아이들과 함께 추수를 할 예정인데 아이들 중에 그 누구도 지금의 마음이 변하지 않기를 바라는 마음이다.

강낭콩의 운명은 아이들의 마음먹기에 달려있으니까 말이다.

아버지되기

　우리 주변의 건물에서 가끔 '아버지학교'라는 현수막을 보게 된다. 이 아버지학교는 5주 동안 토요일에 전국적으로 열리는데 오후 5시부터 10시까지 아버지들이 모여서 좋은 아버지가 되기 위한 교육을 받는 것이다. 아버지학교는 "아버지가 살아야 가정이 산다."라는 슬로건을 외치고 다짐하면서 교육을 시작한다.

　교육내용을 살펴보면 다음과 같다.

　첫째, 아버지의 영향력에 대하여 배운다. 현재 자신의 모습 속에서 아버지로부터 받은 것과 지금까지 영향을 주고 있는 것을 찾아보게 된다. 그래서 좋은 것은 계승하고 나쁜 것은 고리를 끊어 버리자는 것이다. 또한 아버지를 이해하자는 과정인데 수많은 아버지들이 자신의 아버지를 생각하며 눈물을 흘리곤 한다.

　둘째, 이 세상을 아버지로서 살아가는 데 필연적인 남성문화를 알아보고 그 어려움과 대책들에 대해 살펴본다.

　셋째, 아버지의 사명으로서 아버지는 자녀의 지표가 되고 삶의 원천이어야 하며 아내에 대한 극진한 사랑을 배운다.

　넷째, 아버지의 영성으로서 아버지는 자녀들과 가족들에게 축복권, 말씀권 등 영적으로 바로 서야함을 배운다.

　다섯째, 아버지의 가정으로서 아버지가 살아야 가정이 산다는 것을 보여주며 가족들과 함께 축제를 한다.

아버지학교에 재학 중인 아버지들은 매주 숙제를 해야 한다. 자신의 아버지에게 편지쓰기, 자녀의 사랑스러운 점 20가지 이상 쓰고 데이트하기, 아내에게 편지쓰기, 매일 가족을 안아주기, 축복해 주기 등이 있다.

이 과정을 마치고 수료하면 비로소 아버지학교의 옷을 지급받고 스텝으로 봉사할 수 있다. 그리고 아버지학교에서의 스텝봉사는 어쩌면 필수라고 생각한다. 한 기수에 120명 정도의 아버지가 지원을 하며 지원하는 아버지들이 아버지학교의 교육에 전념할 수 있도록 모든 과정을 수료한 아버지들(스텝)이 도움을 준다. 식당에서 배식도 해 주고 간식과 음료도 배달해 주는데 꼭 호텔서비스(?)를 제공하는 것 같다.

아버지학교의 과정을 밟으며 많은 아버지들의 아픔을 알게 되었고 서로가 위로를 받았다. 그리고 한 달에 한 번씩 조별모임을 하고 있으며 아버지학교의 스텝으로 기회가 닿으면 계속하려고 한다.

부디 많은 아버지들이 변화하길 바란다. 특히 '자신처럼 잘하는 아버지가 있으면 나와 봐'라는 생각으로 아버지학교가 이 땅의 아버지들의 거쳐가는 그래서 긍정적으로 변화하는 삶의 필수 코스가 되었으면 한다.

「장애인복지법」이란

　우리나라의 「장애인복지법」은 유엔에서 1981년 '세계 장애인의 해'를 선언한 것을 계기로 하여 제정 공포하게 되었다. 이 법은 장애인의 기본적인 인권을 확보하고 이를 보장하기 위함이다. 또한 이 법은 헌법의 이념에 따라 장애인의 생명과 전인격의 존중, 정상화, 통합화 그리고 정의와 평등의 이념을 구현하기 위한 장애인의 복지 시책들을 강구하고 있다.

　이 법의 목적은 장애인 대책에 대한 국가와 지방자치단체의 책무를 명백히 하고, 장애인 복지의 예방대책과 사후대책으로서 의료, 훈련, 보호, 교육, 고용의 증진, 수당지급 등의 기본 사업을 추진하며, 장애인의 자립과 생활안정을 위한 장애인 복지 증진에 기여함에 있다.

　이 「장애인복지법」의 주요 복지시책을 알아보면 다음과 같다.

　첫째, 장애발생 예방시책이다. 국가와 지방자치단체는 선천적·후천적인 장애발생을 예방하는 시책을 강구하도록 한다.

　둘째, 의료재활 시책이다. 국가와 지방자치단체는 장애인에게 치료와 잔존능력의 계발을 위한 의료재활서비스를 하여야 한다.

　셋째, 중증장애인 보호시책으로 장애가 심한 경우에도 평생 국가와 지방자치단체는 적절한 시책을 강구하여야 한다.

넷째, 장애인 보호자에 대한 배려의 시책을 강구해야 한다.

다섯째, 교육재활서비스로 장애인은 장애별·능력별로 충분한 교육을 받을 수 있도록 배려하여야 한다.

여섯째, 직업지도 시책으로 장애인이 능력에 따라 직업에 종사할 수 있도록 해야 한다.

일곱째, 사회적 재활시책으로 편의시설의 이용, 주택보급, 문화환경정비, 경제적 부담경감, 생계보조수당 등의 기준을 정해야 한다.

여덟째, 조사연구 및 보호시책으로 조사연구, 등록, 상담 등을 정하고 있다.

장애인 분류에 있어 「장애인 등에 대한 특수교육법」에서는 11영역으로 장애를 나누고 있는 데 비하여, 「장애인복지법」은 15개 영역으로 지체장애, 뇌병변장애, 시각장애, 청각장애, 언어장애, 지적장애, 자폐성 장애, 정신장애, 신장장애, 심장장애, 호흡기장애, 간장애, 안면장애, 장루·요루장애, 간질장애로 나누고 있는 것이 다르다.

하나의 모습에 빠지면

　이번 여름에는 방학을 하자마자 연수가 바로 있었다. 이번 연수는 전문상담교사 과정 연수였는데 상담에 대한 기본적인 내용부터 배웠다. 무더운 날씨였지만 연수에 참여한 선생님들의 열정이 얼마나 뜨겁던지 재미있을 것 같고 편안하게 연수를 받아야겠다고 생각했던 나는 덩달아 나름대로 열심히 강의를 듣게 되었다.

　연수내용 중에 하나에 집중하고 빠지면 또 다른 하나를 볼 수 없다며 유리잔 그림과 대지 위의 눈이 녹거나 혹은 쌓여 있는 그림이 함께 제시되었다. 선생님들은 유리잔 그림에서는 두 사람의 얼굴 모습을 찾을 수 있었으나 대지의 그림에서는 사람의 얼굴은 발견하지 못하고 있었다. 물론 이 연수에 참여하신 분들 가운데 처음으로 이 그림을 접하는 경우도 많았기에 당연하기도 했을 것이다. 그렇지만 자꾸 설명을 해도 시원하게 사람 얼굴이 보이지 않는다는 것을 보니 하나의 그림에서 또 다른 하나를 발견하는 것이 쉽지가 않아 보인다.

　나도 이번 연수를 통하여 내가 생각하지 못한 나의 다른 부분을 발견하고 생각하게 되었다. 그동안 열심히 그리고 부지런히 살아서 다른 사람들에게 도움을 주는 사람이 되어야겠다며 지내왔는데 그렇지 못한 것 같아 못내 아쉬웠다. 교사로서 좀 우습지만 돈이라도 많아서 필요한 곳에 효율적으로 사용할 수 있었다면 좋았을텐데 그것도 아니어서 안타깝다.

　나의 모습 속에서 또 다른 나를 발견하고 더욱 가꾸며 감사하며 살아야하는데 그러지도 못했다. 그래서 이제는 또 다른 모습, 더욱 가꾸어야 할 내 모습에서 부족한 부분은 채워가도록 노력해야겠다.

아이들이 가는 하늘나라

학교에 힘든 일이 생겼다. 초등학생 한 아이가 하늘나라로 갔기 때문이다. 이 세상에 살면서 정신지체 1급의 장애로, 잦은 간질로 주변사람들에게 걱정과 근심을 많이 주었는데 평안하게 하늘나라로 간 것이다.

오늘은 장례식이 있는 날, 새벽부터 지금까지 비가 부슬부슬 내리고 있다. 가끔 이렇게 아이들이 떠나는 모습을 보면 참으로 안타깝다. 그리고 몇 년 안되는 짧은 생을 살았지만 많은 사람들에게 삶의 소중함을 다시 한번 일깨워 주고 가는 아이들이 그저 대견스럽다. 이런 일을 한번 겪게 되면 어떤 사람은 장애와 담을 쌓고 장애 없는 세상에서 살고 싶어 하는가 하면, 어떤 사람은 다른 장애인들을 끌어안고 도우며 살아가려고 하기도 한다.

내가 알고 있는 어떤 지체장애1급의 여자 분은 수많은 세월을 누워서 생활하며 기도했단다. "하나님! 저의 병을 고쳐 주시면 평생 장애인들과 살며 그들을 도우며 살겠습니다." 그후 몇 십 년이 지나 다행스럽게도 새로운 치료약이 개발되었고 임상대상으로 약을 먹었던 그 여자 분은 효과를 보았다. 물론 평생 약을 먹어야 하는 상태지만 지금은 결혼도 하였고 그 기도를 실천하고자 많은 장애아이들과 같이 살아가고 있다.

비록 오늘 이 장애아이가 하늘나라로 갔지만 남아있는 사랑하는 사람들에게 슬픔이 아니라 새로운 희망의 씨앗을 남기고 갔기를 간절히 바라는 마음이다.

'의사소통장애와 언어장애'란

「장애인 등에 대한 특수교육법」에서는 '의사소통장애'로, 「장애인복지법」에서는 '언어장애'로 분류하였는데 이들의 장애에 대한 정의는 매우 비슷하다고 할 수 있다. 특수교육법에서의 의사소통장애란 "① 언어의 수용 및 표현 능력이 인지능력에 비하여 현저하게 부족한 사람, ② 조음능력이 현저히 부족하여 의사소통이 어려운 사람, ③ 말에 대한 유창성이 현저히 부족하여 의사소통이 어려운 사람, ④ 기능적 음성장애가 있어 의사소통이 어려운 사람"을 말한다. 반면 「장애인복지법」에서의 언어장애는 "음성기능이나 언어기능에 영속적으로 상당한 장애가 있는 사람"이라고 하였다.

따라서 언어장애인(농아인) 또는 청각장애인은 뚜렷이 구분 지을 수 있는데 그 장애의 원인을 생각해 보면 된다. 언어장애는 구강의 발성기관이나 조음기관 등에 구조적·병적 이상이 있어 말을 못하거나 발음을 또렷하게 못하는 경우이고, 청각장애인은 청각기관의 장애로 인하여 듣지 못하는 장애를 가졌고 그 영향으로 인해 발음기관이나 발성에는 구조적인 문제가 없으나 말을 못하는 경우가 생기는 경우다.

언어장애는 다시 특성별로 나눌 수 있는데 조음장애(구음장애), 유창성 장애, 음성장애, 기호장애(언어장애) 등으로 생각할 수 있다.

여기서 조음장애란 '우유'라고 말하려고 하는데 '물'이라고 다른 단어로 대치하여 말하는 경우, '아버지'를 '버지'라고 '아'를 생략하거나 '으부지'처럼 다른 말로 왜곡하여 발음하는 경우라고 할 수 있다.

유창성 장애란 주로 말더듬을 말하는데 발음을 말의 흐름에 맞추지 못하여 '아버지'를 '아아아 아버지'라고 발음하는 경우다. 또한 말을 너무 빨리함으로써 발음상 문제가 생기는 속화도 유창성 장애에 포함된다.

음성장애에는 음질이 나빠서 목쉰 소리, 거친 소리, 가성 등으로 발음을 하는 경우라고 할 수 있다.

기호장애란 언어장애라고도 하는데 대표적으로 실어증을 들 수 있다. 이 실어증은 말을 잘 하던 사람이 교통사고나 어떤 충격의 원인으로 말을 할 수 없게 되는 경우, 사물 등의 이름을 기억하는 능력을 상실하여 적절히 발음을 못하는 경우, 말을 들을 수는 있으나 이해를 하지 못하는 경우 등 아주 다양하게 나타난다고 할 수 있다.

기호장애는 너무 광범위하여 전문가인 언어치료사가 많은 대학에서 배출되고 있다. 많은 장애 유형 속에 일반사람들도 포함되는 경우를 종종 볼 수 있지만 어린아이가 말을 배우는 과정에서 나타나는 현상이나 어떤 흥분의 상태에서 나타나는 언어특성을 가지고 언어장애라고 하지는 않는다.

1박 2일 차차차

    수련원으로 떠나는 날 아이들의 얼굴은 밝았다. 아마도 수련원에 가는 것이 싫지는 않은 모양이다. 수련원에 가는 길에 서울 암사동에 있는 움집들을 구경하고 그 곳에서 점심을 먹었다. 아이들이 야외에 나와서인지 잘 따라 다녔고 유독 우리 반은 인원이 단출하여 이동하는 데 상대적으로 유리했다. 우리는 점심을 먹은 후 경기도 양평의 바탕골 예술원에 들렀다.

    미리 준비된 민무늬 셔츠에 우리 학년은 수박을 그렸는데 붓과 물감을 보자 아이들은 자기 마음대로 예술작품을 그리려고 했다. 아이들이 자신의 잠재된 욕구를 지워지지 않는 물감으로 마구 그리려고 해서 제지를 하며 그 곳 선생님의 도움을 받아 그림을 그리기 시작했다.

    재은이는 대부분을 혼자 그렸고, 주혁이는 큰 틀만 그려 주었다. 지현이는 손을 잡고 그렸는데 틈만 나면 자꾸 물감을 먹으려고 했다. 그래도 그림을 완성할 수는 있었다. 준영이는 얌전하게 손을 잡고 같이 그림을 그렸고, 진일이는 스스로 그림을 그리려고 노력을 하였으나 교사가 진일이의 작품성에 신뢰(?)가 없어 손을 잡아 주기도 하고 물감을 찍어 주기도 했다.

    대부분의 아이들은 틀에 박힌 수박 모양이 아니라 추상화를 자꾸 그리려고 해서 결국 많은 그림들 속에는 아이들만 아는 추상화를 그려넣기도 했다.

저녁 시간에는 수련원에 도착하여 저녁을 먹은 아이들의 얼굴에 페인팅을 해 주었다. 그리고 뜰에 나와 대형 스크린으로 국가전 축구를 관람했다. 아이들 손에는 과자 한 봉지씩 들렸고 아는지 모르는지 같이 "대한민국, 짝짝짝 짝짝"을 외치며 박수를 쳤다.

취침시간이 되어 아이들을 재우고 소등을 하고 나서 잠시 밖에 나왔다. 그런데 누군가가 방의 불을 자꾸 켰다가 끄고 다시 켰다가 끄는 것을 반복했다. 나는 조용히 문가에 있다가 불을 켜는 순간 문을 활짝 열었다. 불을 자꾸 켜는 녀석은 우리 반의 재현이고, 불을 끄려고 하는 녀석은 주호였다.

나는 두 아이들을 옆에 끼고 가만히 누워서 아이들이 잠들기만을 기다렸다. 옆방에서는 소리도 지르고 울고 하는 소리가 들렸지만 우리 반 아이들은 1시경이 되자 모두 잠 속으로 빠져들었다.

어느덧 시간이 흘렀고 새벽부터 일어나는 부지런한 아이들 때문에 대부분의 아이들이 일찍 일어났다. 반대로 끝까지 자려는 아이들 때문에 애를 먹기도 했다.

"모두 기상! 일어나라!"

우리는 아침을 먹고 마지막 코스로 명지산으로 등산을 하고 왔다. 상큼하게 수련회 활동을 마치고 돌아오는 길에 아이들의 얼굴을 살펴보니 피곤한 기색은 없고 교사들만 쉬고 싶은 얼굴이다. 우습다. 수련회 활동은 아이들이 했는데 말이다.

참석한 우리 반 아이들은 생활을 잘 하는데 결석한 두 명은 이런 기회를 갖지 못해서 안타깝다. 이런 활동을 할 수만 있다면 하고, 보낼 수만 있다면 보내고 해야 도움이 되는데 말이다. 앞으로는 결석하는 학생이 없길 바라는 마음이다.

하늘나라로 간 천사

전에 재직했던 학교의 6학년 여제자가 하늘나라로 떠났다. 나는 그 친구가 초등학교 2, 3학년 때 담임을 했고 그 친구의 모든 식구들이 당시 내가 다니던 교회로 오셨기 때문에 그동안 더욱 친하게 지냈다. 그런데 아침에 심한 간질로 인하여 결국 세상을 달리했다고 한다.

소식을 들은 날 저녁 병원 영안실에 찾아갔다. 영안실에 막 도착했을 때 걸려 있는 아이의 영정사진을 보니 눈물이 핑 돌았다. 지난 많은 세월 맑게 웃고 지낸 모습보다 몸이 아파 힘들어하고 간질을 겪으며 눈물 흘리던 모습이 자꾸 떠올랐다. 왜 그런 생각이 더 많이 날까? 영안실에서 나는 이 아이의 어머니와 한참을 있었다. 그 어머니는 자신의 딸이 살아있는 동안 수없이 많은 약만 먹다가 떠나게 되어 더욱 안타깝고 너무 빨리 떠난 것이 마음 아프다고 하였다.

이 아이와 함께했던 학교생활을 뒤돌아 보면 때로는 말도 통하지 않는 아이, 무엇하나 제대로 하지 못해서 교사에게 꾸중도 듣고, 말썽을 부려서 혼이 나기도 했던 아이, 가끔은 기특하게도 교사를 생각하고 사랑한다는 표현을 어렵게 하는 아이였다. 아이는 오늘 한줌의 재가 되어 바다에 뿌려질 것이다. 아니, 이 시간은 벌써 재가 뿌려져서 육체는 간 곳이 없고 아이는 엄마의 가슴에 자리를 틀고 있을

것이다. 엄마의 가슴에서 아이는 외칠 것이다. "엄마, 아빠 사랑해
요." 세상의 언어가 아닌 하늘나라의 언어로 씩씩하게 큰 소리로 외
칠 것이다.

'반응성 애착장애'란

　교육현장에서는 자폐성 장애와 반응성 애착장애를 특별히 구분하지 않고 있다. 대체적으로 아이들의 반응이나 행동특성들이 비슷한 면이 많기 때문이다. 하지만 학계에서는 이 두 가지를 나누어서 진단하고 구분하려고 한다. 원인으로 구분하면 자폐는 미세한 뇌기능의 장애 쪽으로 보는 경향이 많고, 반응성 애착장애는 후천적인 환경에 의한 원인으로 보는 경우가 많은 것이다.

　세계보건기구에서는 자폐와 반응성 애착장애를 다섯 가지 주요 특성으로 구분하고 있다.

　첫째, 반응성 애착장애를 가진 아이는 사회적인 상호관계 및 반응에서 정상적 능력을 갖고 있는 반면 자폐아는 그렇지 못하다.

　둘째, 반응성 애착장애에서 보이는 비정상적인 형태의 사회적 반응은 처음에는 여러 상황에서 아이가 보이는 전형적 행동양상이다. 그러나 아이가 양육자와 지속적으로 적절히 서로 반응할 수 있는 정상적인 양육 환경에 다시 놓이게 된다면 비정상적인 대부분의 행동양상이 회복된다. 이러한 현상은 전반적 발달장애에서는 일어나지 않는다.

　셋째, 반응성 애착장애의 아이들이 왜곡된 언어발달을 보일 수 있지만, 자폐증의 특징인 비정상적 성질을 띤 의사소통을 보이지는 않는다.

넷째, 반응성 애착장애는 자폐증과는 달리 환경적인 변화에 조금도 반응하지 않는 지속적이고 심한 인지능력의 결여를 수반하지 않는다.

다섯째, 어떤 행동특성이 지속적으로 제약되어 있고 반복적이며, 상동성 및 고집성은 반응성 애착장애의 특성이 아니다.

반응성 애착장애는 부적절한 영아 양육과 관련하여 발생한다. 이것은 심리적인 학대나 무시의 형태(가혹한 처벌, 어린이의 제의에 대한 지속적인 반응결여 또는 부적절한 양육 등)를 취하거나, 신체적인 학대나 방치의 형태(소아의 기본적이고 신체적인 요구에 대한 지속적인 무시, 반복되는 고의적인 가해 또는 불충분한 영양의 제공)를 보이기도 한다.

유아기에 정서적으로 많은 문제를 보이는 장애아이들이 자폐성 장애나 반응성 애착장애 또는 유사 자폐로 진단을 받곤 한다. 후에 보면 서로 다름이 무의미한 것으로 보이기도 하고, 바르게 진단이 된 것인가 의심이 되는 경우도 많다. 하지만 중요한 것은 현재다. 부모로서 자녀교육에 관심을 갖고 조금이라도 더 노력한다면 지금보다 더 웃는 아이의 얼굴을 그릴 수 있지 않을까.

통합교류교육

지난 수요일에 초등부 고학년에서는 일반초등학생들과 통합교류교육이 있었다. 우리 아이들이 먼저 강당에 모이자 곧바로 일반아이들이 도착하였다. 강당에서 간단한 환영식과 오늘의 일정을 이야기했고 반별로 짝을 지어 손을 잡고 각 교실로 입장했다.

우리 반에는 7명의 일반아이들이 배정되었고 이번이 3번째로 만나는 자리였다. 오늘의 할 일은 친구들과 함께 요리하기인데 팝콘, 팥빙수, 감자튀김, 핫케이크 등 여러 가지 음식 중에서 우리 반은 팥빙수를 선택하여 만들어 보기로 했다. 우리 반에는 팥빙수기계 4대, 얼음 3봉지, 팥, 연유, 떡, 초코시럽, 미숫가루 등 준비물이 완벽하였다.

아이들은 열심히 얼음을 갈아 팥빙수를 만들었는데 우리 반 아이들은 주로 열심히 먹으려는 데 관심이 많았다. 그래도 아이들은 힘을 합해 친구 것, 자기 것 등 두 그릇씩의 얼음을 갈았고 팥과 연유 등 맛있는 재료들을 넣어서 맛있게 팥빙수를 먹었다.

마지막으로는 심사용 팥빙수를 만들었는데 얼음을 한 그릇 가득 갈아 담고 다른 재료들은 얼음 위에 예쁘게 얹어 놓았다. 물론 아이들이 서로 하려고 했기 때문에 교사가 할 필요는 없었다. 이후 일반아이들은 설거지를 했고, 우리 반 아이들은 책상 줄 맞추기, 교실바닥에 청소기 돌리기를 했다.

이윽고 강당에서 시상식이 있었는데 6개의 모둠조에서 우리 반 (짱구조)이 만든 팥빙수가 제일로 뽑혔다. 상품으로 예쁜 지우개가 달린 연필을 하나씩 받았고 모두에게는 사탕이 하나씩 주어졌다. 그런데 우리 반 재훈이는 자기 연필을 다른 여학생에게 주며 그 여학생의 사탕을 달라고 했다. 그 여학생은 좋다고 연필을 받았다. '녀석! 기다리면 사탕도 주는데……' 아무튼 일반아이들과 통합교류교육을 하면서 비교해 보면 우리 아이들보다 일반아이들이 더 떠들고 말을 잘 듣지 않는 경향이 있다. 그렇지만 우리 아이들에게 무엇인가 해 주고 싶어 하는 아이들을 보니 참 예쁜 모습이다.

앞으로 그 아이들이 중·고등학생이 되고 어른이 되어서도 장애 친구들을 생각해 주었으면 하는 마음이다.

통합교육의 효율적인 방안

통합교육은 아무리 계획을 잘 세워도 결국은 적용과정에서 수많은 시행착오와 보완의 과정을 거치게 된다. 그래도 우리는 통합교육을 위하여 할 수 있는 것부터 차근차근히 그리고 꾸준히 실천해 가야 한다. 일반학교의 특수학급이 있는 경우 통합교육을 생각해 보자.

첫째, 통합교육은 학교구성원 모두에게 '장애인 이해와 통합교육의 필요성'에 대한 인식이 선행되어야 한다. 구체적으로 일반교사, 특수교사, 학생, 학부모 모두가 장애인에 대한 기본적인 이해가 있어야 하고 통합교육에 대한 필요성을 느껴야 한다는 것이다.

일례로 일반교사가 장애인에 대한 이해도 없고 통합교육에 대한 의지도 없는 상태에서 장애아이를 맡게 되면, 담임교사도 부담이고, 일반아이들 역시 이를 어떻게 받아 들여야 할지 모르고 방향성도 제시하기가 어렵다. 그러므로 일반교사에게 우선하여 '장애인 이해와 통합교육의 필요성'에 대한 연수가 일 년에 1, 2회 정도는 꼭 이루어져야 한다고 생각한다. 교육청에서 강사를 섭외하여 학교마다 순회하며 연수시간을 갖게 하는 것도 기존 방식과 다른 유익한 방법이라 생각한다.

둘째, 특수교사는 매년마다 일반학급을 순회하며 장애인에 대한 인식과 장애아이를 같은 친구로 인식할 수 있도록 학생들을 교육

한다. 시기는 일반교육과정 운영에 여유가 있을 때 언제든지 특수교사가 수업의 일환으로 하면 좋겠고 내용은 장애인에 대한 이해, 통합교육 비디오, 장애체험하기, 체험소감 듣기 등 다양한 방법으로 접근했으면 한다.

셋째, 통합학급 교사에 대한 배려가 필요하다. 담임을 자원하게 하고 학급인원을 경감시켜 주며(5명 정도), 학교업무를 대폭 줄여 주는 방법이 있다. 다른 교사들의 반발이 있을 수 있겠고 또 일부 통합 반 담임들은 가산점수를 달라고 하는 경우도 있는데 개인적으로는 더 효과적인 다른 방법이 나왔으면 한다. 이 경우에는 교장선생님의 확고한 의지가 있다면 실험연구모형이 아니라 일상적이고 바람직한 통합학급을 알차게 운영할 수 있고 점수가 아니라 다양한 혜택을 줄 수 있을 것이다.

넷째, 학교교육과정의 학교행사에서 장애인들을 많이 만날 수 있는 기회를 주어야 한다. 장애인의 날, 학예회, 운동회, 체험여행 등의 기회를 이용하여 학년별, 학급별로 장애인시설을 방문하기, 자원봉사 활동하기, 특수학교 방문하기 등의 행사를 갖는 것이다. 그리고 결과를 토론하고 글짓기도 하면 해마다 달라지고 있음을 느낄 수 있을 것이다.

다섯째, 통합교육에서 어쩔 수 없이 강조되는 부분은 특수교사의 중재적 역할이다. 통합학급 담임이 통합교육을 잘 할 수 있도록 하기 위해서는 특수교사와의 관계가 원만해야 함은 당연하다. 또한 특수교사의 도움이 필요하면 부담 없이 요청할 수 있어야 한다.

여섯째, 필요할 때는 학생지도에서 특수교사와 일반교사의 역할을 바꿀 수 있었으면 좋겠다. 그래야 특수교사와 일반교사가 더 넓은 영역의 큰 교육을 위해서 당당히 의견을 주고받을 수 있고 일반교사와 특수교사의 보이지 않는 담을 넘을 수 있다.

결국 통합교육은 장애아이의 인격을 존중해 주고 일반아이들과 격리되지 않는 환경에서 일반친구들과 같이 교육받을 수 있는 권리를 찾아 주는 것이다. 장애는 장애아이가 갖고 있는 특성일 뿐인데 그 특성에 맞게 교육은 못하고 특성으로 차별하고 별동부대로 취급하면 결국 교육이 장애아이들의 마음을 더욱 슬프게 만드는 것이다.

지역사회에서 함께 살아가기

장애학생 교육은 그가 살고 있는 가정과 그 지역 안에서 이루어지는 것이 가장 합리적이다. 그렇다면 가정과 지역사회는 장애학생과 상호작용하는 것이고, 장애학생 가정이나 사회의 일부로서 존재하기 때문에 가정, 학교, 지역사회는 학생과 상호의존적 관계에 있게된다. 또 학교나 사회의 변화를 촉구하기 위해서 부모와 전문가는 협동해야만 한다.

국가의 지원이 필요하기도 하겠지만 지역사회가 할 수 있는 일들은 다음과 같은 것이다.

첫째, 지역사회와 관련하여 장애학생의 프로그램을 계획하고 수행하고 평가하는 데 학부모를 실제 구성원으로 활동하도록 지원해주어야 한다.

둘째, 빈번하고 집중적인 서비스나 지원보다는 계속적이고 장기적인 사회적 시스템이 필요하다.

셋째, 학생이 교실 밖에서 지원이나 서비스를 받기보다는 적절한 때 그의 교실과 학교에서 받도록 해야 한다. 지역사회와 연계된 환경이면 더욱 좋겠다.

넷째, 지역사회에서 제한적 환경을 극소화해야 한다. 이것은 장애학생에게 제한적이고 집중적인 서비스가 필요한 경우도 있지만 가능하면 지역사회환경에 적응되도록 해야 한다는 것이다.

다섯째, 활동에 완전히 참여할 수 없는 학생은 그 활동에서 제외시키기 보다는 부분적이지만 적절하게 참여할 기회를 주도록 한다.

여섯째, 어떤 수준의 분리 교육을 받더라도 IEP(Individual Education Program, 개별화 교육 계획)로 완전히 보완해 주고, 그 정당성은 현 서비스의 실용성이나 편의성보다는 개인 학생의 욕구에 기초하도록 해야 한다.

일곱째, 사회통합교육은 누구에게나 도움이 된다는 확고한 신념을 갖고 수행하도록 해야 한다. 통합교육에서 얻을 수 있는 모든 이점이 실제로 실현될 수 있도록 지역사회는 지원해야 한다.

앞의 내용은 장애학생의 통합교육에 대하여 이해하면서 구체적이고 필수적인 지원을 위해 우리가 지역사회에 바라는 내용이라 할 수 있다. 그렇게 되기 위해서는 지역사회의 물리적 환경이 개선되어야 하고 무엇보다도 지역주민의 태도가 변화되어야 한다.

지역사회의 문방구, 편의점, 슈퍼마켓, 경찰서, 아파트경비실, 은행, 우체국, 음식점, 버스 운전기사, 교회, 꽃가게, 약국, 병원, 대중목욕탕, 미용실 등 다양한 장소의 사람들이 장애학생을 신기해하거나 불쌍해하거나 동정하지 않고 사회의 일원으로 자연스럽게 인식해야 한다. 그래야 장기적이고 실질적인 교육이 될 수 있기 때문이다.

사회통합을 위하여

장애학생들에게 교육을 하는 궁극적인 목표는 학교교육 후에 그들이 부모와 가족과 친구들이 살고 있는 지역사회 속에서 함께 어울려 살도록 하기 위함이다. 이는 장애인들이 사회구성원의 한 사람으로서 생활할 수 있는 자유와 권리를 인정하는 것이다. 물론 장애인 스스로 그들이 원하는 것과 사회 안에서 더불어 살아갈 수 있는 방법을 자연스레 터득한다면 그 또한 평범한 시민이 되는 것이다.

그러나 장애학생들이 맞이하는 현실은 학교교육 현장에서부터 분리하고 차별하는 모습이 대부분이다.

하지만 점차적으로 통합교육이 강조되면서 물리적 통합교육(특수학급), 기능적 통합교육(일반학급), 정서적 통합교육(개인차가 인정되고 존중되는 학급)으로 더욱 발전해 가리라 생각한다.

일반적으로 장애인들이 사회적으로 완전한 통합이 이루어지기 위해서는 몇 가지 전반적으로 바뀌어야 할 문제들이 있다.

첫째, 장애인에 대한 의식의 전환이 필요하다.

많은 일반인들이 갖고 있는 장애인에 대한 의식 속에는 장애인에 대하여 멸시적이고 부정적이다. 또한 장애인 스스로도 소외감과 열등감을 극복하는 적극적인 가치관의 정립이 필요하다.

둘째, 장애인 가정과 장애인의 태도가 바뀌어야 한다.

어느 사회이건 장애가 발생됨은 어쩔 수 없는 현상이다. 그러나 장애인 가정과 장애인 스스로 전통적인 관념에서 벗어나지 못하고 수치심과 죄의식에 빠져 있는 경우가 많다. 장애인의 사회통합은 일반인과 꾸준한 상호접촉에 의하여 이루어진다. 이러한 것을 깊이 인식하고 긍정적 사고와 태도로 사회통합에 주체적으로 대응할 수 있어야 한다.

셋째, 우리가 생활하는 환경이 변화되어야 한다.

우리가 생활하는 주거환경과 공공시설 그리고 교통수단이나 사회의 시설들이 장애인들이 생활하는 데 불편하지 않도록 바뀌어야 한다. 그래야 장애인들이 일상생활과 문화생활 등 인간의 기본적인 권리를 누릴 수 있기 때문이다.

넷째, 우리나라의 특수교육체계와 직업재활이 강화되어야 한다. 꼭 특수교육이라고 하지 않아도, 장애가 아무리 심하여도, 그 잔존능력을 최대한으로 개발할 수 있도록 교육이 이루어져야 한다. 또한 교육 후에는 직업능력개발을 위하여 체계적인 훈련과 취업을 할 수 있도록 지원해야 한다.

다섯째, 장애인에 대한 종합적인 복지체계가 마련되어야 한다.

완전한 사회통합을 위하여 장애인과 그 부모, 가족, 장애인과 관련된 여러 전문가, 사회의 협력체, 기업과 정치인 등 모든 사람들의 공동협력체계를 구성할 필요가 있다.

호박전

호박전 요리는 학생들이 참여하는 과정에서 참 재미있어 한다. 준비물은 식용유, 프라이팬, 애호박, 계란, 도마, 칼, 부침가루가 있으면 된다.

우선 학생들이 호박을 자를 수 있도록 교사가 시범을 보이고 칼이 위험하므로 한두 명씩 돌아가면서 기회를 주도록 한다. 특히 교사는 학생들이 호박을 자르는 것을 계속 지켜보면서 잘못 자르면 바로 수정하도록 지도하며 안전사고를 예방할 수 있도록 주의를 기울인다.

호박을 자르는 과정이 끝나면 자른 호박에 계란을 묻히고 부침가루를 그 위에 다시 묻혀 부치면 된다. 물론 부칠 때 학생들의 손에 기름이 튀지 않도록 위생장갑을 끼워주면 좋은데 학생들은 이것을 좀 불편해 한다.

이 요리는 학생들이 먹는 일에는 별 관심이 없고 주로 만드는 일에 만족해 한다. 물론 호박을 아주 좋아하는 경우도 있지만 대부분 야채를 싫어하는 경우가 많아서 칼질하고 튀김가루 묻히고 부치는 것을 좋아한다. 삼겹살 굽기나 여름에 팥빙수 만들 때 교사 모르게 자꾸 입에 넣고, 말려도 입에 넣고, 혼나도 먹는 경우와는 다른 분위기다.

그래도 열심히 노력하는 학생들, 작고 쉬운 요리지만 신기해하고 재미있어 하는 학생들을 보면 미소가 절로 나온다. 이런 요리를 할 때면 교사가 제일 많이 먹는 것 같다. 학생들이 잘 먹지 않으니까 말이다.

　　가정에서 우리 학생들이 일을 많이 하도록 했으면 좋겠다. 안쓰럽다고 시키지 않고, 잘 못한다고 시키지 않고, 위험하다고 시키지 않고, 귀찮다고 시키지 않고, 시간 없다고 시키지 않고…….

　　그리고 우리 아이는 못한다고 한다.

일반학교에서 통합교육

일반학교에서 통합교육을 실시하기 위해서는 기본적으로 준비해야 할 부분이 있다.

첫째, 통합교육을 지원할 전반적 교육철학과 전망 그리고 분위기를 조성하는 일이 중요하다. 즉, 학교 관리자의 마인드가 열려있고 수용적이어야 한다는 것이다.

둘째, 학교공동체 구성에 장애학생의 실재가 중요한 부분이다. 현재 상황으로 보면 특수학급은 증가하고 있고 학생들도 많아지고 있다. 하지만 중 · 고등학교에는 특수학급이 부족하여 결국 초등학교 특수학급에서 통합교육을 받던 장애학생들의 50% 가까운 수가 특수학교로 갈 수밖에 없다.

그렇지 않아도 학교에서 통합교육을 하는 데 가장 어려운 부분이 중 · 고등학교이고 통합교육의 효율성도 많이 떨어져 있기 때문이다. 또한 입시위주의 학습 분위기와 개인주의가 강해지면서 장애학생을 친구로 배려할 수 있는 여유가 학생들에게 없기 때문이다. 물론 장애학생과의 개인간 차이가 더욱 큰 이유도 될 것이다.

셋째, 통합교육은 모든 학생들에게 유익하다는 긍정적인 인식이 확산되어야 한다. 일반학교에서 장애학생이 있을 때 서로 경쟁만을 생각한다면 여러 가지로 장애학생은 불리할 것이다. 학교가 학생들이 공부를 잘해서 특목 중·고를 가고, 좋은 대학만 보내면 된다는 교육철학이라면 장애학생들이 학교에서 설 곳이 없다. 아니, 그러한 학교와 사회에서 장애인들이 살아가는 것은 너무도 어렵고 비참한(?) 생각이 든다.

그래서 교육의 다양성이 필요하고 학생들이 추구하는 목표가 서로 달라도 함께할 수 있는 길이 있어야 한다. 장애학생을 전체 속에서 당연하게 받아들이고 함께하는 것이 유익이라는 인식이 있어야 학교와 사회공동체가 발전될 것이다.

왜 통합교육을 해야 할까

장애를 가진 사람도 우리 일반인과 같은 인격적인 존재로서 이 사회에서 같이 생활해야 할 구성원이다. 그러나 사회는 장애인들이 일반인과 같이 교육을 받을 환경도 되지 못한 경우가 많고 동네에서 같이 살기에도 어려움이 많다. 물론 직장생활도 같이 하지 못하는 경우가 대부분이다.

사회가 이렇게 된 이유는 여러 가지가 있겠지만 통합교육을 하지 않았기 때문이라고 생각한다. 일반아이들이 장애아이들과 같이 태어나서부터 유아학교(유치원), 초등학교, 중학교, 고등학교를 계속하여 같이 공부하고 생활했다면 어떻게 되었을까? 아마, 세상은 지금과 같이 장애인에 대한 편견이나 오해, 함께하는 것에 대한 거북스러운 감정이 훨씬 적을 것이다.

그래서 어린시기부터 제도적인 통합교육이 도입되고 현재보다 질적으로 진행되어야 한다는 생각이다. 따라서 통합교육은 인간의 존엄성과 차별을 당하지 않을 권리로써도 당연하게 필요하다고 생각한다. 통합교육에 있어 장애의 정도를 떠나 접근해야 하나 현재의 교육환경이 뒷받침되지 못하므로 경증의 장애아동부터 접근해야 통합교육의 어려움이 조금이라도 줄어들고 실패의 경험도 줄어들 것이다.

통합교육의 비율은 어느 정도가 좋을까? 보통 장애인은 전체 인구의 10%로 본다. 그래서 한 학급이 일반아동 15여 명에 장애아동 1명 정도가 된다면 좋겠다는 생각을 했는데 현재 우리나라 학교상황과는 거리가 먼 꿈같은 일이다. 우리나라 초등학교는 한 반이 25～35명 정도로 많이 줄었는데 중·고등학교는 35명 이상이다. 한 반에 장애 정도에 따라 장애학생 1～2명 정도로 배치하면 현실적일 것 같다. 그러기 위해서는 학교의 행정적인 배려가 조금 있어야 한다.

학생들과 통합캠프를 해본 경험으로 봐도 한 조에 일반아이 5～10명당 장애아동 1명 정도를 투입하니까 장애아이가 두드러지지 않고 함께 어울려 행사를 할 수 있어 좋았다.

좋은 점이 많아요

우선 통합교육이 제대로 이루어지려면 주변의 많은 여건들이 준비되어야 한다. 통합하는 곳의 교사, 학생, 학부모, 행정가, 물리적 환경 등이 준비될수록 그 단점은 계속 줄어들게 될 것이다. 일반적인 장·단점을 나름대로 한번 적어 본다.

먼저 장애학생의 장점을 생각해 본다.

첫째, 일반학생과 사귀기 때문에 사회성이 향상된다. 장애학생들만 있으면 이런 부분에 있어 자극을 적게 받는데 일반학생을 통해 도움을 받을 수 있다.

둘째, 사회적응력이 더욱 좋아지게 된다. 장애학생들도 학교를 졸업하면 일반 사회에 나가서 살아야 함이 당연한데 통합교육을 통해 적응력이 높아진다는 것이다.

셋째, 학습의 능률을 높일 수 있다. 물론 왕따가 아닌 진정한 의미의 통합교육이 되면 예체능 등 장애학생이 따라갈 수 있는 과목은 같이하고 국어, 수학 등 부족한 부분은 개별적으로 보완을 받을 수 있다.

넷째, 장애아이라는 딱지가 없어도 통합교육을 받을 수 있으니 부모와 학생 당사자도 사회적·심리적 부담이 적다. 일반학교에 다니는 것이 특수학교에 다니는 것보다 자긍심이 높다고 할 수 있다.

그러면 장애학생의 단점을 생각해 본다.

첫째, 준비되지 못한 통합교육은 장애학생에게 맞는 정확한 교육적 서비스를 특수학교보다 더 제공하지 못할 수 있다(환경적·교육적·사회적으로).

둘째, 통합교육이 형식적이라면 오히려 장애학생과 부모가 더 큰 스트레스를 받아 특수학교로 오는 경우가 발생한다.

셋째, 더욱 짜임새 있는 교육계획이 필요하고 다양한 교구와 특수교사 등이 더 필요하다.

넷째, 담당교사가 장애아이 교육에 뜻도 없고 이해가 부족한 교사라면 자신의 반에 장애학생이 들어오는 것도 싫어하게 되므로 일반교사의 준비가 필요하다.

통합교육이 주는 일반학생의 장점을 알아본다.

첫째, 어려서부터 장애를 가진 친구들과 생활화하면 장애에 대한 이해와 편견 등이 사라지며, 더불어 살아가는 사회가 쉽게 이루어진다. 어린아이들일수록 장애아이에 대한 편견이 적기 때문이다.

둘째, 자신의 미래에 대하여 이기적인 생각을 바꿔 더불어 살아가려는 생각을 한다. 그래서 꿈이 장애친구를 위한 의사, 변호사, 교사 등이 되고 싶다는 편지들을 많이 보았다.

셋째, 부모님께 감사하다는 표현도 많이 하는 것을 본다. 자신이 조금 가난하고 어려워도 부모님께 감사하다는 표현이 많다.

넷째, 일반학생의 성격과 심성이 좋아질 수 있다. 어느 초등학교 아이는 반에서 장애친구를 맡아서 도와주고 있으며 기분도 좋고 선행상을 받게 되었다고 얘기한다.

다섯째, 장애학생을 친구로 둔 일반학생이 사회인이 되면 건물 설계를 해도 장애인과 노약자를 배려한다. 또한 무슨 물건을 만들어도 그 쓰임의 다양성에 쉽게 접근해 갈 것이다.

이번에는 일반학생의 단점을 알아본다.

첫째, 일반학생이 장애학생의 잘못된 행동을 배운다. 호기심에 따라하는 경우가 있지만 금방 없어지고 유치원이나 초등학교 저학년 시기에 잠깐 나타나기도 한다.

둘째, 학습 분위기가 산만해 질 수 있다. 대부분 장애학생의 특성 때문이기도 하겠지만 장애학생에게 적절한 학습이나 활동이 제공되지 않으면 더욱 산만해 진다.

셋째, 모둠활동에서 장애학생이 있으면 손해를 본다. 사실 장애학생이 있는 모둠은 교사가 장애학생으로 인해 일반학생에게 피해가 가지 않도록 조건을 조금 수정해야 한다.

'청각장애'란

일반적으로 청각장애인을 우리는 '농아인'이라고 한다. 또한 청각장애인들은 우리 일반인을 건청(건강한 청력)인이라고 한다. 그러니까 청각장애인의 입장에서 일반인은 정상인이라기보다 자신들과 비교하여 청력기관이 건강한 사람이라는 의미가 있다.

이렇게 서로의 호칭에서도 나타나지만 청각장애의 기준은 청력의 손실도에 따라 결정된다고 할 수 있다. 청각장애는 주로 유아기나 아동기에 고열이나 심한 중이염 또는 사고 등의 원인으로 인해 청각기관에 손상을 입어 소리를 듣지 못하게 되는 경우가 많다. 그래서 소리를 듣는 정도에 따라서 여러 단계로 나눌 수 있다. 즉, 어떤 소리도 전혀 듣지 못하는 경우를 '농이'라고 하고, 듣기는 들으나 잘 듣지 못하는 경우, 즉 보청기를 사용하고는 있지만 잘 듣지 못하는 경우를 '난청'이라고 한다.

「장애인 등에 대한 특수교육법」에서는 '청각장애'란 "청력 손실이 심하여 보청기를 착용해도 청각을 통한 의사소통이 불가능 또는 곤란한 상태이거나, 청력이 남아 있어도 보청기를 착용해야 청각을 통한 의사소통이 가능하여 청각에 의한 교육적 성취가 어려운 사람"이라고 정의하였다. 또한 「장애인복지법」에서는 " ① 두 뒤의 청력 손실이 각각 60데시벨 이상인 사람, ② 한 귀의 청력 손실이 80데시벨 이상, 다른 귀의 청력 손실이 40데시벨 이상인 사람, ③ 두 귀에 들리는 보통 말소리의 명료도가 50퍼센트 이하인 사람, ④ 평형기능에 상당한 장애가 있는 사람"이라고 하였다.

청각장애인은 청력손실의 정도를 말하는 단위 dB(데시벨)을 이용한다. 즉, 일반인을 0~20데시벨로 보고 80데시벨 이상이면 '농'이라고 하고, 이하이면 난청이라고 할 수 있다. 난청인 경우 보청기를 이용하면 일반인과 같이 생활할 수 있는 경우도 있어 청각장애인이라고 어떤 말이나 소리를 전혀 듣지 못한다고 생각하면 잘못이다.

청각장애인 중에는 성장과정에서 장애를 입어 말은 할 수 있었으나 나중에는 못하게 된 경우가 많다. 그러나 선천적인 경우는 말을 못하는 경우가 일반적이다. 이유는 듣지 못하기 때문에 언어를 모방하여 표현하기가 어려워서다. 그래서 듣지 못하고 말을 못하는 사람에게는 '농아인'이라고 하는 것이다.

우리 주위에 어떤 사람이 후두암 수술을 받았다면 듣기는 들으나 말을 하지 못할 것이다. 이런 분에게 농아인, 청각장애인하면 실수를 하는 것이다. 이런 사람은 언어장애를 가지고 있는 것이다. 또 청각기관의 손실을 성장한 후에 입어 잘 듣지는 못해도 말은 잘하는 사람에게도 마찬가지다.

우리는 청각장애인들이 수화로 말을 하는 것을 보고 괜히 부러워하는 경우를 본다. 그래서 수화를 남들에게 보여주기 위해서 배운다면 그것은 안타까운 일이고 청각장애인의 마음을 더욱 아프게 하는 것이다.

데모하는 녀석들

    우리 반에서는 숙제를 해 오거나 착한 일을 하면 달란트를 주고 있는데 오늘 아침에 우리 반의 소현이와 주환이가 20달란트를 가져 왔다. 그래서 아침에 두 아이에게 미리 학교 편의점에 가서 과자를 사주겠다고 약속을 하였다. 잠시 후 진성이와 상훈이가 앞으로 나오더니 "나도 과자" "과자 사 주세요."를 연발하며 두 손을 흔들면서 당장 편의점에 가자고 한다.

    "너희들은 지난번에 먹었잖아, 그리고 달란트 가져 와야지." 하자 상훈이가 교사의 책상에 있는 달란트 통을 가져가려 한다. "그 것은 선생님거야, 너의 것 가져 와야지." 하자 눈치를 보며 자기 자리로 돌아간다. 진성이는 '매운 새우깡'을 연신 외쳐대다가 결국 제자리로 돌아가서 찡찡거린다.

    점심시간에 소현이와 주환이는 손을 잡고 룰루랄라 콧노래를 부르며 편의점에 갔다. 좋아하는 과자 두 개를 고르라고 하자 아이들은 언제나 같은 과자로 두 개씩 고르고 다른 것은 쳐다보지도 않는다. '왜 같은 과자로만 고를까? 나 같으면 골고루 먹으려고 할 것 같은데…… 아이 엄마들이 항상 같은 과자만 골라주었나? 아니면 그 과자만 먹어 보았나? 아니면 다른 과자는 맛이 없나?' 이렇게 아이들과 티격태격 싸우며 웃고 지내는 것이 재미있다.

"애들아! 공부도 하고 착한 일도 많이 해서 달란트 많이 모으자. 그래서 우리 학교 편의점을 모두 비워버리자. 대답해봐!"

"예~"

와! 개학이다

보통 방학하는 날에 "와~ 방학이다."라고 소리치며 달려가는 많은 아이들이 있다. 물론 우리 반 아이들은 일부만 그런 기분을 표현한다. 하지만 개학날인 오늘 아이들의 얼굴을 보니 그 아이들의 즐거운 얼굴 속에서 "와~ 개학이다."를 읽을 수 있다. 햇볕에 적당히 그을린 건강한 얼굴들과 집에서 편안하게 지내서 살이 좀 오른 얼굴들 그리고 선생님을 오랜만에 만났다고 말은 하지 못하지만 자꾸 눈을 맞추는 예쁜 아이들이 개학을 맞이하여 다시 학교에 나왔다.

아이들과 그리고 어머니들과 함께 방학 동안에 어떻게 지냈는지를 물으며 숙제검사를 했다. 한 아이는 방학 동안에 대변기를 이용하여 용변을 볼 수 있게 되었다고 하여 박수를 쳐 주었다. 그동안 이 아이는 대변기에 앉으면 힘을 줄 수 없었는지 화장실 바닥을 주로 이용했었다.

또 다른 아이는 방학 동안에 다이어트와 운동을 열심히 하여 비만의 등급을 조금 낮추어서 박수를 쳐 주었다. 또 한 아이는 방학 동안에 자기 집 2층에서 떨어졌는데 전혀 다치지 않아서 다행이라고 박수를 쳐 주었다. 그리고 일기를 하루도 빼먹지 않고 열심히 써서 잘했다고 박수 받은 아이, 건강하게 구리빛으로 몸을 만들며 잘 지냈다고 박수를 받은 아이 등등……

아이들이 등교하니
기분도 새롭고 활기찬 교
실이 되었다. 그동안 집에서
많이 놀던 아이들은 개학 후 학교생활이 지
루하기도 하고 힘들기도 할 것이다. 그
래도 항상 그랬듯이 다시 신나고 즐
거운 학교생활이 될 것이다. 늘 마음속으
로 응원해야겠다. 비록 우리 아이들이 장애는 있으
나 더욱 건강하고 즐거운 2학기가
되도록 말이다.

애들아 힘내자! 아자! 아자! 아자!

그림 이수복

'시각장애'란

우리는 학창시절에 신체검사를 자주 받았다. 이때 국제표준 시 시력표(만국식 시력표)를 앞에 두고 눈을 한쪽씩 가려 가며 시력검사를 받은 경험들이 있다. 이 시표로 측정하면 정상 시력은 1.0~1.2 정도 이어야 한다. 시각장애는 우리가 장애인하면 쉽게 떠오르는 장애인의 한 유형으로 이 시각장애인을 일반적으로는 '맹인'이라고 널리 부르고 있다.

장애인에 대한 특수교육법에서 "시각계의 손상이 심하여 시각 기능을 전혀 이용하지 못하거나 보조공학기기의 지원을 받아야 시각 적 과제를 수행할 수 있는 사람으로서 시각에 의한 학습이 곤란하여 특정의 광학기구, 학습매체 등을 통하여 학습하거나 촉각 또는 청각 을 학습의 주요 수단으로 사용하려는 사람"이라고 정의하였다. 반면 「장애인복지법」에서는 교정시력으로 "① 나쁜 눈의 시력이 0.02 이 하인 사람, ② 좋은 눈의 시력이 0.2 이하인 사람, ③ 두 눈의 시야가 각각 주시점에서 10도 이하로 남은 사람, ④ 두 눈의 시야 2분의 1 이상을 잃은 사람이다."라고 하였다.

시각장애인이라고 단순히 아무것도 안 보인다는 뜻은 아니다. 장애 정도에 따라 다시 분류할 수 있는데 교정시력이 0.04~0.3으로 약시(경도)단계는 아주 큰 글씨를 읽을 수 있기에 점자보다 확대 문자기를 이용하여 수업을 받을 수 있다. 그리고 교정시력이 0.04 미만이거나 시기능장애가 있어 점자를 사용해야 하는 단계, 즉 눈 바로 앞의 손가락 움직임을 느끼고 빛을 감지할 수 있는 단계(중도, 中度)와 빛도 전혀 감지할 수 없는 전맹(중도, 重度)단계는 점자로 특수교육을 받아야 한다.

같은 시각장애를 갖고 있어도 단순히 빛을 보느냐 아니면 빛도 감지하지 못하느냐의 차이는 우리 일반사람들이 생각하기에는 오십보백보요 비슷할 것 같기도 하다. 그러나 시각장애인에게는 절대로 그렇지 않다. 왜냐하면 빛을 감지한다는 것은 방에 들어 왔을 때 불이 켜져 있느냐 아니냐를 알 수 있고 지금이 낮인가 밤인가를 알 수 있는 것이다.

어떤 영화에서 있었던 이야기인데 어느 시각장애인 집에 도둑이 들었다. 물론 한밤중이고 실내에는 불도 환하게 켜져 있었다. 하지만 도둑은 주인이 시각장애라는 것을 알고 있었기 때문에 살그머니 방에 들어 왔다가 그만 들키고 말았다. 막 몸싸움이 시작되었는데 이 집주인은 집 안의 전등불을 모두 꺼 버리고 싸우기 시작하였다. 이 싸움에서 과연 누가 이겼을까? 물론 시각장애인이 이겼다. 이 시각장애인은 앞을 보지 못해도 빛을 감지하고 있었던 것이다.

자율통학훈련을 하며

특수학교의 장애학생들은 주로 통학버스를 이용하여 등하교를 한다. 대형 버스가 4대 있는데 주로 학교를 중심으로 운행하고 있어 학교에서 먼 거리에 있는 학생들은 학교버스가 운행하는 코스를 찾아와서 버스를 이용하기도 한다. 이 버스는 국가에서 무료로 운행하기 때문에 장애학생들이 참 편리하게 이용하고 있다. 이 통학버스가 없었다면 많은 장애학생의 부모들은 아이들을 학교에 보내기 위하여 아이와 같이 등하교를 해야 하는 상황이 벌어진다.

그런데 초등학교, 중학교, 고등학교를 학교버스만 타고 다니고, 가정에서는 승용차를 이용하는 장애학생들이 고등학교를 졸업하고 회사에 취직하면 어떻게 될까? 많은 아이들이 회사에 취직해서 일을 할 수도 있다. 그러나 퇴근하여 혼자서 집에 못가고, 집에서는 회사로 출근을 못하는 사례가 발생하기도 한다. 그래서 학교에서는 한 학기에 한번 씩 자율통학훈련을 실시한다. 혼자서 대중교통을 이용하여 등하교를 하는 훈련을 하고 잘한 학생에게는 상도 준다. 하지만 참여율이 그리 높지 않은데 그것은 많은 부모님들이 그 뜻과 필요에 대하여 공감은 하지만 당장 참여하는 것은 싫어하기 때문이다.

자율통학의 어려움은 날마다 교통사고가 나지는 않을까 걱정이고, 또 학생이 엉뚱한 곳에 내려서 미아가 되지는 않을까 신경을 써야 하는 부모입장에서 이해가 간다. 그래도 할 수 있는 아이, 능력이 있는 아이들은 이 훈련에 참여했으면 좋겠다. 최소한 부모가 귀찮아서 자율통학훈련을 하지 않은 일은 없었으면 하는 바람이다.

친구이름 쓰기

오늘 수학시간에 아직도 풀리지 않는 재미있는 일이 벌어졌다. 우리 반에는 수학시간에 가감산을 할 수 있는 친구가 두 명 있다. 모두 자폐아이들로 영훈이는 '두 자리 수+두 자리 수' 문제를 풀고 있었고, 창수는 '한 자리 수+한 자리 수'의 문제를 풀고 있었다.

먼저 두 자리 수의 문제를 모두 푼 영훈이는 교사에게 문제지를 가져와서 채점해 달라고 하였다. 채점을 해보니 100점, "그래, 잘했다. 수업시간이 10분 정도 남았는데 너는 컴퓨터를 해라." 영훈이는 신이 나서 컴퓨터를 했다.

잠시 후에 창수도 다 풀었다며 채점을 해 달라고 한다. 채점결과 10문제 중에 4문제가 틀렸다. "창수야! 이 쉬운 것을 틀렸어? 봐라. 5+3은 뭐야?" 한참을 생각하던 창수는 "8이요." "그래, 잘했어." 그리고 이름 난을 우연히 보니 '김영훈'이라고 정확하게 써 있었다. "야~ 네가 영훈이냐, 이창수지!" 창수는 이름을 지우고 다시 그 위에 자신의 이름을 적었다. 왜 김영훈이라고 적었냐는 질문에는 대답을 하지 못하고 있다. 두 아이는 무슨 문제지를 주면 정확하게 자신의 이름을 적어야 문제를 풀기 시작하는 친구들이고 이름 쓰는 것을 틀리는 경우는 한 번도 없었다. 이름을 쓰는 일에는 정확한 자폐아이인 창수는 왜 영훈이 이름을 적었을까? 혹시 100점을 받고 싶어서일까?

보청기에 대하여

　보청기는 어떤 기계일까? 쉽게 표현하면 소리를 잘 듣지 못하는 사람에게 소리를 크게 하여 듣게 해 주는 기계다. 그러므로 일반난청이나 청각장애 또는 노인성 질환으로 오는 난청 그 자체를 교정하여 잘 듣게 하는 것이 아니라는 것이다.

　하지만 보청기는 청각장애인과 난청인의 남아 있는 청력을 최대한 활용하여 소리를 증폭시켜 주고, 그들에게 청각을 보상해 준다는 데 있어 아주 유용한 기계다. 보청기의 원리는 음파를 마이크로폰으로 받아 전기진동으로 바꾸고 이것을 증폭기로 확대하여 다시 이어폰으로 음파를 만들어 귀에 들리게 하는 것이다. 소리를 잘 듣지 못하는 사람이 보청기를 착용하면 가족과 주위사람들과 대화를 하고 자연의 소리를 들을 수 있다는 것, 침묵과 고요의 세계에서 탈출하여 생활하는 그 기쁨은 우리 일반사람들이 감히 짐작도 못할 것이다.

　보청기의 종류에는 크게 골도식과 기도식이 있다. 그러나 대개는 기도식을 많이 사용하고 있는데 기도식에는 주머니형, 귀높이형, 삽입형, 특수형 등이 있다. 이러한 보청기를 선택할 때는 먼저 이비인후과에서 귀 검사와 정밀 청력검사 등 과학적인 검사를 통해 치료 및 교정을 받아야 한다. 또한 청능전문가를 통하여 지도와 조언을 받고 보청기의 적합 여부를 결정하여 자신에 맞는 적절한 보청기를 선택해야 한다.

　자신에 맞는 보청기를 착용했다 하여도 많은 시간을 착용훈련을 받아야 한다. 보청기를 처음에 착용하면 모든 소리가 크게 들리기 때문에 많은 소리의 자극에 익숙해져야 하고 그 소리를 식별할 수 있는 능력을 가져야 한다.

　청각장애의 종류를 보통 농과 난청으로 나누고 있는데 농은 보청기를 착용해도 청각을 통하여 언어정보를 성공적으로 처리할 수 없다. 그러므로 이들에게는 보청기가 거의 필요 없다고 할 수 있다. 보청기는 일반적으로 난청인이 많이 사용하는데 난청인은 보청기를 통하여 언어정보를 성공적으로 처리할 수 있는 사람을 말한다.

강아지도 웃는데

인터넷에서 우연히 웃는 '개죽이' 사진을 보며 많이 웃었다. 요즘 인기있는 책 중에 『긍정의 힘』이라는 책이 있는데 "남에게 베풀어라. 그것은 긍정의 씨를 뿌리는 것이고 자신이 거두게 될 것이다. 그리고 베풀 것이 없으면 웃음이라도 주라."라고 했다. 글을 읽으며 맞다는 생각을 했다.

'줄 것이 없다면 웃음이라도 주어라.'

많은 사람들은 웃지 않고 인상을 쓰거나 근엄한 얼굴을 해야 남에게 무시를 당하지 않는다고 생각하나 보다. 또한 웃지 않고 침묵으로 무게를 잡아야 자신의 인격의 무게가 많이 나간다고 생각하나 보다. 그리고 아랫사람이 잘못 했을 때 기회를 잡아 험하게 꾸짖고 화를 내어야 상사로서 권위가 살아난다고 생각하는 경우도 있나 보다.

하지만 웃음은 많은 사람에게 힘을 주고 희망을 줄 수 있다. 우리도 강아지처럼 씩~하며 웃으며 살았으면 한다.

정신지체(지적장애) 아이의 학습조건

아이들이 자라면서 그 아이에게 긍정적인 변화를 기대할 수 있는 것으로 우리는 성장과 성숙 그리고 학습을 들 수 있다. 성장과 성숙은 유전적인 요소가 있어 세월이 가면서 키와 몸도 커지고 대부분 나이에 맞게 성숙되어 가는 것을 볼 수 있다. 그러나 학습은 교육의 영향을 가장 많이 받는 부분이며 학습자의 인생의 행로를 바꾸는 계기가 되는 경우가 많다.

학습에 있어서 그 목표달성을 위해서는 학습자가 기본적인 성취(목적달성)에 따른 욕구와 능력을 가지고 있어야 하며 자기강화에 대한 의지가 있어야 한다. 하지만 정신지체 아이들은 성장과 성숙에 있어서도 일반아이들에 비하여 좀 뒤떨어지고 있고 학습의 기본적인 욕구에도 많이 결여되어 있음을 알 수 있다. 정신지체 아이에게는 어떤 학습조건을 갖추어야 학습에 따른 기대를 할 수 있을까?

첫째, 학습준비성을 들 수 있다. 학습준비성이란 학습을 위해서는 학습자의 능력이나 성숙의 정도가 미리 준비되어야 한다는 것이다. 즉, 지능의 발달, 정서발달, 주의집중, 운동능력, 관심의 정도 등을 들 수 있다.

둘째, 학습동기의 유발이 있어야 한다. 학습의 능률을 위해서는 학습자가 학습의 필요를 지각하는 것과 학습에 흥미와 관심을 가지고 있어야 한다는 것이다.

셋째, 반복과 연습의 방법을 들 수 있다. 정신지체 아이는 다양한 방법으로 경험을 반복연습할 기회를 많이 주어야 한다. 반복연습은 단순한 반복의 연속이 아닌 흥미와 관심을 파악한 다양한 종류와 방법을 말한다.

넷째, 학습전이가 있어야 한다. 여기서는 일반적인 전이를 말하는데 응용능력이라고 할 수도 있다.

정신지체 아이는 먼저 학습한 것과 후에 학습한 것을 통합하고 연결하는 데 어려워하고 있다. 예를 들면, 사과그림으로 사과를 학습을 했는데 실제로 사과를 보면 모른다든지, $100-50=50$이라고 답은 하는데 $100원-50원=?$ 모르는 경우가 전이가 안 되는 경우다. 특히 정신지체 아이들은 어떤 규칙이나 법칙, 원리 등을 이용하여 학습하는 것을 어려워한다.

숟가락질 잘 못했다고 쫓겨나

　발달장애(자폐성 장애) 아이들이 생활하는 모습을 보면 참으로 다양함을 알 수 있다. 그 중에서 안타까운 모습은 어떤 특정행동에 너무 집착하여 완벽하게 하려다가 제대로 하지 못하는 경우다. 예를 들면, 책꽂이를 정리하는데 너무 작은 것 하나 그냥 넘기지 못하고 책의 크기와 모양까지 맞추려다가 제대로 되지 않아 끙끙거리는 경우가 있다. 하지만 반대로 대충대충 하려는 모습때문에 무엇 하나 제대로 완성시키지 못하는 경우도 많다.

　그런 행동에는 여러 가지 이유가 있겠지만 때로는 꼭 고쳐주고 바로 잡아주어야 하는 경우도 많다. 고등학교를 졸업하고 회사에 취직한 발달장애아이가 있었다. 이 아이는 상당히 똑똑한 편이어서 회사에서 조립작업도 제법 잘 하였고 자신의 신변처리도 잘하여서 직장생활에 어려움이 없어 보였다. 이 회사는 작은 규모의 회사여서 점심시간에는 모두가 모여서 같이 식사를 하곤 하였다.

　하지만 언제부터인지 회사사람들이 이 장애아이와 밥을 먹는 것을 꺼려하고 피하였다. 시간이 갈수록 그런 강도가 심해졌고 점심뿐만 아니라 장애아이가 회사생활을 하는 데 심리적으로 더욱 어렵게 되었다.

　이유를 알아본즉 다른 행동에도 조금 문제가 있었지만 식사시간에 이 아이가 너무 지저분하게 먹는다는 것이었다. 특히 숟가락으로 밥을 먹고 찌개를 먹는데 숟가락을 제대로 빨지 않으니 밥풀이고 반찬이고 이곳저곳에 묻혀놓고 도저히 다른 사람들이 같이 밥을 먹고 싶지 않게 되었다는 것이다. 회사에 교사가 있다면 곧바로 그런 행동을 고칠 수 있도록 하겠지만 일반회사에서는 사람들이 말하지 않고 그냥 싫어하고 피하게 되는 상황이 조금은 이해가 간다.

장애아이들과 지내며 때로는 사랑이라는 이름으로 무조건 용서하고 도와주려고만 하는 것은 그 아이에게 독이 될 수 있다. 앞의 이야기를 들으며 말하기는 힘들어도 아이가 해야 할 일은 할 수만 있거든 바르게 가르쳐야 함을 새삼 느끼는 하루였다.

즐거운 체육수업

올해는 초등부 저학년 아이들과 담임으로서가 아닌 체육교사로서 만나고 있다. 다년간 담임만을 해 왔는데 교과를 맡아서 진행을 하니 나름대로 장점도 있고 단점도 생긴다. 매번 체육수업을 진행하며 느끼는 것이지만 아이들의 얼굴을 보면 다른 교과시간보다 더욱 자신감을 가지고 수업에 임하는 것을 느낄 수 있어 좋다.

담임을 맡으면 교실에서 주로 수업을 하는 과목은 국어, 수학, 과학, 사회다. 물론 이런 교과 말고도 특활과 재량시간 뿐만 아니라 학급의 생활지도까지 틈틈이 아이들과 함께하는 시간이 많다. 반면 교과를 맡으면 자신이 맡은 한 교과를 중심으로 3개의 학년인 6개 반 아이들을 모두 만나서 또 다른 재미가 있다.

나와 수업하는 친구들은 초등학교 1학년, 2학년, 3학년 아이들로 일주일에 두 시간씩 만나지만 연속하여 만나지 않고 요일을 달

그림 이수복

174

리하여 만나고 있다. 조금 특이한 것은 1학년 아이들의 운동능력이 3학년 형들보다 뛰어난 편이어서 경쟁을 하면 동생들이 이긴다는 것이다.

이렇게 학생들의 능력에 편차가 생기는 것은 장애의 정도가 다르다는 것이고 해마다 입학하는 아이들의 특성이기도 하다. 오늘 수업은 매트에서 앞구르기를 하고 반환대를 돌아 다시 앞구르기를 하고 들어오는 경기를 하였다. 아이들에게 경기설명을 하고 1학년의 똘똘이 친구를 시범맨(?)으로 먼저 하도록 했는데 어찌나 빨리 앞구르기를 하는지 교사보다 분명 빠르게 하였다.

놀라움과 기쁨으로 박수를 쳐주고 칭찬을 해 주자 똘똘이는 더욱 신나서 얼굴에 미소를 한 가득 안고 교사의 얼굴을 일부러 바라보며 눈웃음을 날려 준다. 교사도 덩달아 기분이 좋아 수업을 신나게 할 수 있었다.

인생을 마감하는 사람들

　얼마 전 서울의 어느 병원 영안실에 조문을 다녀왔다. 지인의 아버지가 돌아가셔서 다른 분들과 함께 병원에 들르게 된 것이다. 그런데 조문하기 위해 들어선 영안실의 분위기가 다른 영안실과는 사뭇 대조적이었다. 우리가 주로 보는 영안실은 전체적으로 음산한 분위기가 있고, 이곳저곳에서 떠나가신 분을 애타게 부르며 흐느끼는 소리가 있으며, 일부 조문객들은 음식을 나누기도 하고, 한 쪽에서는 네댓 명이 모여 열심히 동양화를 감상하기도 하는 모습이 전부다.

　하지만 그 날 조문을 받는 돌아가신 어른의 식구들이나 제일 슬퍼할 것 같은 지인의 어머니도 그리 어둡지만은 않은 얼굴이었다. 가족을 잃은 안타까움은 있지만 돌아가신 분은 연세가 많으시고 몸이 건강하지 않으셨으며, 특히 마지막을 아름답게 장식하고 떠나신 모습을 두고 모두 호상이라고 하였다.

　자녀의 말을 들어보니 돌아가신 아버지는 전날 어머니와 함께 그동안 서로에게 잘해주지 못함에 대해 이야기하며 눈물을 흘리셨다고 한다. 그리고 돌아가시던 날 아버지는 별로 좋아하지 않던 목욕도 하시고 새로 옷도 갈아입으시고 외출한 어머니를 찾아가셨다고 한다. 교회에서 어머니를 만난 아버지는 어머니와 같이 점심을 드시고 많은 사람들이 지켜보는 가운데 식당에서 조용히 눈을 감았다는 이야기였다. 이 이야기를 들으며 지인의 아버지는 인생을 마감하는 순간까지 복을 받으셨구나 하는 생각이 들었다.

우리들에게도 인생을 마감해야 할 때가 올 것이다. 우리들이 육체적으로 장애가 있거나 없거나 상관없이, 삶을 어떻게 살아야 아름다운 모습으로 주변 사람들에게 의미를 주고 인생을 뜻깊게 마감할 수 있을까 생각해 본다.

후지산을 바라보며

우연한 기회가 되어 일본에 연수를 다녀오게 되었다. 여행은 수요일 첫 비행기를 타고 토요일 저녁 마지막 비행기로 돌아오는 3박 4일의 빡빡하게 짜여진 일정이었다. 그동안 하루하루가 같은 하루가 없건 만은 날마다 비슷한 학교생활에서 상큼한 양념이 있기를 바랐었다. 그러던 중에 동아일보에서 주최하고 후원하는 해외연수가 포상으로 주어지는 교단수기 공모가 있어 응모를 했는데 당선이 되어 나에게 좋은 기회가 찾아온 것이다.

단순하지만 일본의 교육시설과 장애인 복지시설을 보고 들으며 느낀 것은 우리나라도 시설이나 교육 기자재 등은 떨어지지 않는데 국가지원이나 사회의 교육 및 복지시스템에서 차이가 있다는 것이다. 최소한 내가 근무하는 학교의 시설은 우리나라에서도 뒤지지 않게 좋은 편이니 그런 생각을 더 하였을 것이다.

오후에는 관광을 주로 하게 되었는데 어디를 가도 기분 좋은 발걸음이 되었고 새롭게 만난 일행들과도 깔깔거리며 마치 초등학생들의 소풍 같은 시간들을 보내고 돌아왔다. 이 글을 읽으시는 분들의 삶 속에 새로운 양념, 힘이 되는 기분 좋은 일들이 생기길 바란다.

'지체장애'란

우리는 장애인이라 하면 쉽게 목발을 짚고 가는 사람이나 휠체어를 떠올리곤 한다. 그러나 이러한 장애는 장애의 한 부분일 뿐이다. 이러한 장애를 지체장애 또는 지체부자유(일부에서 사용함)라고 하는데 일반사람들이 쉽게 접할 수 있고 만날 수 있는 장애인들이라고 할 수 있다. 사회가 발전하고 산업화가 이루어지면서 세상이 편리하고 신속해졌지만 그 화려한 모습의 그림자에는 산업재해나 교통사고를 당해서 고통에 빠진 많은 지체장애인들이 오늘도 계속적으로 발생하고 있다.

지체장애의 정의를 장애인에 대한 특수교육법에서는 "기능·형태상 장애를 가지고 있거나 몸통을 지탱하거나 팔다리의 움직임 등에 어려움을 겪는 신체적 조건이나 상태로 인해 교육적 성취에 어려움이 있는 사람"이라고 하였다. 또한 「장애인복지법」에서는 " ① 한 팔, 한 다리 또는 몸통의 기능에 영속적인 장애가 있는 사람, ② 한 손의 엄지손가락을 지골 관절 이상의 부위에서 잃은 사람 또는 한 손의 둘째 손가락을 포함한 두 개 이상의 손가락을 모두 제1지골 관절 이상의 부위에서 잃은 사람, ③ 한 다리를 리스프랑(발등뼈와 발목을 이어주는) 관절 이상의 부위에서 잃은 사람, ④ 두 발의 발가락을 모두 잃은 사람, ⑤ 한 손의 엄지 손가락 기능을 잃은 사람 또는 한 손의 둘째 손가락을 포함한 손가락 두 개 이상의 기능을 잃은 사람, ⑥ 왜소중으로 키가 심하게 작거나 척추에 현저한 변형 또는 기형이 있는 사람, ⑦ 지체에 위 각 항목의 어느 하나에 해당하는 장애 정도 이상의 장애가 있다고 인정되는 사람"이라고 하였다.

일반적으로 지체장애라고 하면 "척수, 팔, 다리 부분에 마비가 되었다든지 절단 또는 변형이 되었다든지, 관절이 굳어 제대로 움직일 수 없거나 운동기능이 떨어지는 상태"를 지체장애라고 한다. 즉, 소아마비 장애인과 뇌성마비 장애인 그리고 사고로 인하여 의수나 의족을 착용한 장애인, 목발이나 휠체어를 이용하는 사람들을 지체장애인으로 보면 된다. 하지만 「장애인복지법」에서는 뇌성마비장애를 뇌병변 장애영역으로 나누고 지체장애와 다르게 분류하고 있다.

그리고 예전에는 뇌졸중으로 손발이 마비되었거나 한센병을 앓고 있는 환자 등을 주위에서 가끔 볼 수 있었는데 그 당시만 해도 이러한 사람들에게 법적 장애인이라고 하지는 않았다. 법적인 지체장애로 분류하지 않고 환자로만 보았기 때문이다. 하지만 경제·사회·문화적으로 나라가 발전하면서 장애영역이 계속 확대되어 가는 것을 볼 수 있다.

또한 선진 국가일수록 뛰어난 의료 기술이 있고, 그 재활 서비스의 신속한 지원으로 인해 장애를 가졌거나 사고를 당한 당사자에게 어느 정도 장애를 줄일 수 있고 완치할 수도 있는 가능성이 있다. 그러므로 지체장애인들이 사회에 적응할 수 있도록 국가적으로 사회적으로 배려가 꼭 필요하다.

이것은 어쩌면 배려라기보다 당연한 것이다. 왜냐하면 장애의 원인이 개인보다 사회나 국가에 있는 경우가 많기 때문이다. 또한 세상은 이런저런 많은 다양한 사람들이 살아가고 다같이 어울려 사랑하며 살아야 하기 때문이다. 그러므로 건물이나 공원 등의 시설에 담이나 계단을 만들어 놓고 지체장애인들의 출입을 어렵게 한다면 우리는 고쳐야 한다. 장애인에게 생기는 마음의 담도 자꾸 허물어야 한다.

전근을 하며

　결혼을 하고 온 가족이 생활을 하면서 이사를 참 많이 다녔다. 지금 살고 있는 집까지 10번의 이사를 한 것이다. 결혼하고 일찍 내 집 마련을 하고 살았으면 이사를 적게 하였을 텐데 그런 생각을 하지 못했고 경제적으로 너무 안일하게 살아온 것 같아 가족에게도 좀 미안한 생각이다.

　또한 직장이 학교이기 때문에 몇 년에 한번은 옮겨야 하는 것이 당연하다는 생각도 했지만 당시 근무하는 학교가 국립학교였기 때문에 내가 노력하지 않으면 그냥 오래 근무할 수도 있는 상황이었다. 이런 환경이 나를 타성에 젖게 만드는 것 같아서 안산에 위치한 한국선진학교(정신지체)에서 일산에 위치한 한국경진학교(정서행동장애)로 그리고 인천의 도림초등학교로 전근을 하게 되었다.

　특수학교에서 일반학교로 옮기니 장애영역도 다르고 학교의 지역사회 여건도 다르며 교육과정도 다르기에 더 신경이 쓰였지만 나에게는 또 다른 기쁨과 보람이 있었다. 왜냐하면 오래전부터 장애학생들의 통합교육 현장인 일반학교에서 근무하며 또 다른 역할을 하고자 했기 때문이다.

　아무튼 이사도 그렇고 근무여건의 변화가 큰 전근은 번거롭고 괴로운 일이 많으나 새로운 환경에서 새로운 각오로 살 수 있는 기회를 제공한다. 어디서든지 나에게 긍정의 효과가 많기를 기대하며 이 학교에서 장애학생들에게 더 많은 도움을 줄 수 있다면 또 다른 행복이다.

'정서 · 행동장애'란

「장애인복지법」에는 없는 장애이고, 「장애인 등에 대한 특수교육법」에서는 새롭게 등장한 장애다. 특수교육법에서 정서 · 행동장애란 "장기간에 걸쳐 다음 각 항목의 어느 하나에 해당하여, 특별한 교육적 조치가 필요한 사람이다. ① 지적 · 감각적, 건강상의 이유로 설명할 수 없는 학습상의 어려움을 지닌 사람, ② 또래나 교사와의 대인관계에 어려움이 있어 학습에 어려움을 겪는 사람, ③ 전반적인 상황에서 부적절한 행동이나 감정을 나타내어 학습에 어려움이 있는 사람, ④ 전반적인 불행감이나 우울증을 나타내어 학습에 어려움이 있는 사람, ⑤ 학교나 개인 문제에 관련된 신체적인 통증이나 공포를 나타내어 학습에 어려움이 있는 사람"이라고 정의하고 있다.

이 장애를 넓게 생각한다면 일반사람들 가운데 많은 사람들이 포함되게 될 것이다. 사실 일반학교의 학생들 가운데 상당히 많은 학생들이 정서적으로 문제가 있다는 보고가 있다.

일반초등학교에서 주의력 결핍과 정서 불안으로 수업 중에 가만히 앉아 있지 못하는 학생들이 발견된다. 또한 중 · 고등학생들 가운데에도 정서적인 안정감을 갖지 못하고 사회에 또는 타인에 대하여 반항하고 공격하여 사회적인 물의를 일으키는가 하면 반대로 자신을 자학하고 비관하며 친구조차 만나지 않으려는 청소년도 있다. 모두다 정서 · 행동에 문제를 가지고 있다고 할 수 있는 것이다.

　그래서 정서 · 행동장애를 다시 행동장애, 성격장애, 미성숙, 사회화된 비행으로 구분하기도 한다. 그렇다면 정서 · 행동장애란 어떤 상태를 말하며, 누가 정서 · 행동장애 학생으로 특수교육이 필요하고, 누가 소아 정신과나 신경 정신과의 치료를 받아야 할까?

　먼저 정서 · 행동장애는 정서의 표현방법이 일반인에 비해 편향되어 있고, 과격하게 표현하는 등 자신의 의지로는 통제하기 어려운 상태에 있는 것으로 일반인에게도 일어나기 쉬운 일이지만 곧 소멸되거나 사회적으로 문제가 되지 않는다. 그러나 계속적으로 나타나고 사회적인 부적응을 나타내는 경우 정서 · 행동장애라 할 수 있다.

　정서 · 행동장애를 가진 아이는 먼저 대인관계가 어렵고 비정상적인 행동이나 감정 표현을 한다. 그래서 예전에는 자폐성 장애를 포함하기도 했지만 지금은 그렇지 않다. 하지만 우리나라의 정서 · 행동장애 학교에는 대부분 자폐성 장애학생들이 다니고 있는 것이 현실이다. 정서 · 행동장애아이! 이들도 이 세상에서 자신들의 마음을 활짝 열고 힘차고 즐겁게 살고 싶을 것이다.

함께하는 통합교육

학교 근처에 있는 일반초등학교 5학년 아이들과 처음으로 만나는 시간을 가졌다. 첫 만남이라서 아이들과 같이 인사도 나누고 짝과 함께 사진도 찍으며 사귐의 시간을 가졌다. 해마다 일반아이들과 통합교육으로 만나고 있었지만 그래도 우리 장애아이들이 변화하고 있구나 하는 생각을 하였다.

마침, 서로 같은 학년이고 같은 나이의 또래이기 때문에 올 해는 더욱 유익한 통합교육이 될 것이라고 생각한다. 지금까지 매년 통합교육을 해 오면서 그동안 아이들의 변화되는 모습과 나름대로의 생각을 적어 보고자 한다.

첫째, 장애친구에 대한 거부감이 아주 많이 줄었음을 느낀다. 미리 교육을 받고 온 효과도 있겠지만 평소에 가정과 방송, 학교, 사회에서 장애인에 대해 나름대로의 정보를 듣고 생활했다는 것이다. 따라서 계속적으로 장애친구들의 소식을 접하고 긍정적인 생각을 갖도록 해야 할 필요성을 느낀다.

둘째, 프로그램에 상당히 적극적으로 참여하고 있는 모습이다. 예전에는 마지못해 손을 잡고 어쩔 수 없이 행사에 참여하는 모습이 많이 보였는데 지금은 현저하게 그런 모습이 줄어들었다. 아이들이 가지고 있는 장애에 대한 인식이 바른 모습으로 바뀌고 있는 것이다.

이전에는 장애에 대한 인식이 장애친구의 손을 잡으면 마치 무슨 병이라도 옮기는 것으로 생각했던 시절이 있었다. 그래서 앞으로는 더욱 알찬 프로그램으로 장애아이들과 일반아이들의 좋은 만남이 많아지기를 기대한다.

셋째, 통합교육이 행사가 아닌 상설 프로그램으로 확장되기를 기대해 본다. 통합교육은 당연한데 이렇게 행사중심으로 가는 것은 바람직하지 않다는 생각이다. 그러기 위해서는 학교의 체계가 좀 유연했으면 좋겠다. 우리 반의 8명 중에 3명은 일반학교에서 전학을 온 아이들이다. 필요에 따라 일반학교에서도 교육받고 이곳에서도 교육받을 수 있다면 좋겠다. 이 문제가 그렇게 어려운 문제일까?

떡꼬치 만들기

오늘은 우리 반 아이들과 떡꼬치를 만들어 먹기로 했다. 아이들의 반응이 어떨까? 물론 아이들은 소리치고 박수치며 대환영이다. 떡볶이 떡을 대나무 꼬지에 꽂아서, 프라이팬에 가볍게 튀긴 다음, 솔을 이용하여 떡에 양념장을 발라서 먹으면 되는 간단한 요리다.

아이들이 워낙 잘 먹어서 교사는 겨우 맛을 봐야 할 정도였다. 아이들과 수업하며 이런 수업은 일주일에 한번 정도 있을까 하는 수업인데 물론 재료는 어머니들께서 준비해 주셨기에 가능한 수업이었다.

우리 아이들은 국어, 수학 공부보다 이런 수업에 흥미를 가지고 있고, 이런 생활 훈련을 겸한 수업이 어쩌면 더욱 필요하고 급하기도 하다. 하지만 학교의 현실과 교실의 환경은 요리하기가 쉽지 않다. 물론 학교에 요리 실습실이 하나 있기는 하지만 학생 수가 많은 대형 학교에서 요리 실습실을 사용하는 것은 현실적으로 어렵다.

마음 같아서는 우리 장애학생들을 승합차에 태우고 산으로 들로 바다로 다니며 자연교육, 생활교육, 생존교육을 시키고 싶기도 하다. 왜냐하면 꼭 필요한 교육은 교과서 중심 교육이 아니고 생활교육이니 말이다. 그런데 부모님들도 원하는 교육일까? 아마 박수치시는 부모님들이 많을 것 같다.

달란트 교육

　담임을 맡으면 우리 반에서만 실시하는 특별한 교육이 있다. 그것은 달란트를 활용한 교육이다. 달란트는 여러 가지 네모난 칼라 색지로 만든 것으로 아이들이 모아오면 나중에 과자나 문구류로 바꿀 수 있는 일종의 토큰이다.

　달란트라는 말의 뜻은 유대인들이 사용했던 화폐단위이고 영어로 번역하면 '탤런트(talent)'로 '타고난 재능'을 뜻한다. 그러므로 아이들이 가지고 있는 잔존능력이나 재능을 발휘하라는 뜻과 같은 이 달란트는 화폐와 같은 것으로 물건과 바꿀 수 있다는 것을 내포하고 있는 것이다.

　달란트의 종류는 1달란트, 2달란트, 착한 1달란트가 있고 필요에 따라 종류를 더 만들어서 사용하기도 한다. 달란트를 지급하는 기준은 가정에서 학습을 했을 경우와 심부름 등 특별히 착한 일을 했을 때다. 그리고 학교에서는 주로 심부름 했을 때와 착한 일을 했을 때 달란트를 준다.

　가정에서의 학습기준은 여러 과목이라 해도 30분 정도를 넘지 않으며, 아이의 수준에 맞는 학습이면 어떤 내용도 가능하다. 또한 착한 일이나 대견스러운 일을 했을 때 알림장에 알려주면 된다. 이 교육은 물론 부모님이 신경을 써야 하고 이 교육을 수용했을 때에 가능하면 장애아이가 인식을 할 수 있는 경우에 효과가 있다. 그렇다고 강요하는 교육은 절대 아니다. 부모님과 아이가 부담 없이 실시하고 꾸준히 실천할 수 있을 때 효과가 있기 때문이다.

달란트 교육은 아이들에게 담임이 줄 수 있는 보너스다. 20달란트를 모아오면 담임이 그 아이를 데리고 편의점에 가서 과자 등을 사주고 있는데, 담임교사에게 과자를 얻어먹는 경우는 많지 않기 때문에 대부분의 아이들이 좋아한다.

이 달란트 교육은 우리 가정에서도 얼마 전까지 수년간 실시하였다. 아이들이 어렸을 때부터 적용을 했고 지금은 청소년이 되었지만 아직도 유효하며 용돈은 벌어서 써야 하는 것으로 받아들이고 있다. 그러니까 10년도 훨씬 넘게 적용하고 있는 교육인 것이다.

부모나 교사가 장애아이라고 그냥 서비스 중심으로 교육하기보다 좀 더 참여적이고 지속적으로 생활 속에서 적용해 볼 수 있는 교육이라는 생각을 한다. 오늘도 우리 반 아이들은 알림장에 달란트를 받아가며 확인해 보고는 빙그레 웃는다.

제자가 전해준 편지

'특수교사는 제자 없는 교사'라는 말이 있다. 이런 말이 실감나는 시기는 오월 스승의 날을 통해서 많이 느낀다. 왜냐하면 아이들이 스승의 날인 것도 잘 모르고 스스로 선생님에게 감사표현을 하는 경우도 너무 드문 일이기 때문이다. 또한 학교를 졸업하고 대학을 들어간 경우나 사회적으로 성공하여 찾아오는 일은 발달장애를 가르치는 교사들에게는 꿈과 같은 일이다.

그런데 담임을 하고 몇 년이 지난 제자가 편지를 써서 가져왔다. 학생이 편지를 써와서 놀랍기도 하고 고맙기도 하였다. 그동안 잘 지내냐고 묻자 머리를 긁적거리며 짧게 "예" 대답하고는 부끄러운지 교사 실을 나가기에 바쁘다.

컴퓨터 담당교사의 말에 의하면 수업시간에 담임한테 편지쓰기를 하자고 했는데 이 학생은 꼭 나에게 편지를 쓰겠다고 고집을 부렸다고 한다. 이런 말을 나중에 전해 들으니 학생에 대한 과거 일이 생각나서 마음이 짠하였다. 가정의 여러 가지 복잡한 상황에서 어쩔 수 없이 몇 년간 부모와 헤어지게 되었고 결국 학생은 시설에 들어가야 했다.

담임으로서 안타깝지만 시설을 소개해야 했고 당시에는 학생을 위로하는 일이 최선이라고 생각했다. 세월이 지났는데도 이렇게 교사를 생각하고 있었다니 고마웠다. 그리고 문장이 틀린 곳도 없고 편지를 멋지게 작성해서 뿌듯함도 생겼다.

"고맙다. 제자야! 사랑해!"

타조인형이 무서워

　서울 인사동에 나갔다가 아이들이 좋아하는 타조 줄 인형을 만났다. 물론 줄 인형을 조종하는 것이지만 머리를 이리저리 흔들고 두 다리로 "따닥따닥" 소리를 내며 걷는 인형 주변에 어린아이들이 많이 모여 있었다. 우리 아이들도 좋아할 것 같은 생각이 들어 망설임 없이 인형을 구입하여 학교로 가져왔다.

　마침 '우리 주변에서 볼 수 있는 동물'이라는 주제의 과학시간이 있어서 미리 아이들에게 타조 인형을 보여주며 즐거운 시간을 보냈다. 그런데 유독 인형을 보며 소리를 지르고 겁을 내는 아이가 있었다. 초등학교 5학년이나 되었는데 아직도 인형이 무섭다며 도망을 가고, 타조가 자신을 문다고 우는 학생이 있다니 놀랍기도 하였지만 장애학생의 순수함으로 받아들이기로 하였다.

　우리 장애아이들 가운데 가끔 현실의 세계와 상상의 세계를 헷갈려 하는 경우가 있다. 인형이라고 설명하고 손으로 만져 보라고 하면 만지며 좋아하다가도 인형이 움직이면서 소리가 나면 그 인형이 살아난 것으로 착각하는 것 같다. 이 아이도 나중에는 인형을 만지기도 하였고 자신이 줄 인형을 조종해 보기도 하였지만 교사가 조종하며 보여주면 금방 현실로 변하여 도망을 하였다.

　인형은 많은 아이들이 흥미 있어 하고 좋아한다. 특히 인형극에

사용되는 인형은 입이나 손, 발이 움직이는 경우가 많은데 이런 인형
은 남자아이나 여자아이 가릴 것 없이 모두들 좋아한다. 내가 만나는
장애아이들도 인형을 통하여 말을 더 많이 할 수 있고, 자신의 마음
을 조금씩 열 수 있는 계기가 되었으면 좋겠다.

'학습장애'란

학습장애는 「장애인복지법」에서는 없는 장애영역이다. 「장애인 등에 대한 특수교육법」에서만 다루며 '학습장애'란 "개인의 내적 요인으로 인하여 듣기, 말하기, 주의집중, 지각, 기억, 문제해결 등의 학습기능이나 읽기, 쓰기, 수학 등 학업성취 영역에서 현저하게 어려움이 있는 사람"이라고 정의하고 있다. 이는 우리들이 초등학교의 교실에서 벌어지는 수업상황을 생각해 보면 여러 가지의 모습들이 쉽게 떠오른다. 그 중에서 국어시간이나 수학시간을 살펴보면 어떤 아이는 국어 책을 읽으라고 하면 이상하게도 못 읽는 아이들이 있다.

또한 수학시간에 아주 단순한 가감산을 못하는 아이들도 있음을 알 수 있다. 그렇다고 이런 아이들이 정신지체 아이처럼 IQ가 낮은 것도 아니며 다른 과목은 그래도 잘하는 편이니 부모로서는 답답할 수밖에 없다. 그래서 과외다 학원이다 하며 보내지만 별 효과가 나타나지 않는다.

이러한 경우 우리는 몇 가지를 생각해 볼 수 있다. 먼저 이 아이가 국어나 수학에서 너무 기초가 없고 흥미가 없어서 공부를 하기 싫어하는 것인지 알아보아야 한다. 그리고 이 아이가 국어 공부에서 읽기나 쓰기에서 글자의 받침 등을 인식하지 못하거나 쓰지 않는 경우가 있는지 또는 수학에서 수의 개념이나 순서 알기에서 노력을 하는

데 바르게 인식하지 못하고 어려워하는 지를 알아볼 필요가 있다. 원인이 후자의 경우라면 학습장애라고 할 수 있기 때문이다.

학습장애란 다음과 같은 특징이 나타난다.

첫째, 학습에서 구체적이고 특정 분야에 제한되어 나타난다.

둘째, 가벼운 두뇌 손상이 원인이 되어 이해나 언어사용 등과 같은 기본 심리 과정 중에서 장애가 나타난다.

셋째, 개인 내 차가 심하게 나타난다. 즉, 개인의 능력 분야에서 발달의 불균형이 나타난다.

넷째, 학습의 어려움이 듣기, 말하기, 쓰기, 읽기, 셈하기, 철자 쓰기, 사고 능력 등에서 한 분야 또는 그 이상의 장애를 나타낸다.

이 학습장애는 일반초등학교에 입학하는 학생에서 5% 정도가 포함되며, 조기발견으로 60%는 치료 가능하다는 보고가 있다. 그러므로 학습장애를 갖고 있는 아이를 정신지체로 취급하거나 무조건 공부를 못한다고 야단만 치면 안 된다. 학습장애를 이해하지 못하면 그런 아이는 적절한 치료와 바른 교육을 받을 기회도 얻지 못하고 자신만을 원망하며 생활할 수 있다.

10년 만에 제자가 부르는 이름

　지난 목요일에 일산직업능력개발센터에서 장애인들의 기능경
진대회가 있었는데 우연한 기회에 감독감 겸 심사위원으로 참여하게
되었다. 내가 맡은 부분은 기기조립 파트였는데 3단 앵글을 2시간동
안 조립하는 것이 과제로 제출되었다.

　30명의 지원자 중에서 28명이 참석하여 열심히 조립하는 모습
을 보니 경쟁이 만만치 않음을 느꼈다. 주로 발달장애 또는 정신지체
학생들이 참여를 하였다. 어떤 참가선수는 앵글 모양을 직사각형모
양으로 조립을 해야 하는데 정사각형으로 틀을 조립하여 쩔쩔매는
안타까운 모습이 보였고, 어떤 선수는 어찌나 꼼꼼한지 부품 점검과
낱개 조립에 신경을 쓰느라 시간을 많이 놓치고 있었다. 제일 앞에서
조립하던 선수는 대회를 마치고 2시 30분에 어디를 가야 한다고 계
속적으로 말하며 감독관인 나에게까지 확인을 하였다.

　그 옆에서는 키가 큰 발달장애 선수가 열심히 조립을 하고 있었
는데 무엇이 잘 되지 않는지 혼잣말을 하며 두 시간 가까이 조립을
하고 있었다. 제일 먼저 조립한 선수는 30분 만에 하였고 두 명의
선수는 두 시간 동안 조립을 완성하지 못하였지만 이 선수는 1시간
40분 만에 완성을 하였다.

　조립을 모두 마친 이 선수는 손을 들면서 끝났다고 하였다. 내가

가까이 가서 확인을 하고 "이제 나가도 됩니다."라며 안내를 하자 몸을 돌려 나가며 "전선주 선생님!" 하고는 대회장을 나가는 것이었다. 물론 나는 명찰을 하고 있었기에 이름을 누구나 부르거나 읽을 수 있겠지만 단순하게 그런 의미가 아니라는 생각이 문득 들었다.

그래서 막 대회장의 문을 나가는 그 선수를 불러서 소속을 물어보니 10여 년 전에 근무했던 학교에서 초등학교 2학년 때 만났던 제자가 벌써 고등학교 2학년이 되었던 것이다.

"선생님을 기억하니?"

"예, 전선주 선생님!"

그때의 감격스러운 마음과 기쁨이 순간 왈칵 몰려왔다. 경기 후에 다시 만나서 악수하고 꼭 안아 주며 반가움을 나누었다. 누가 특수교사를 제자 없는 교사라고 하였던가. 정신지체로, 발달장애 자폐 학생으로 살아가는 대부분의 제자들이지만 선생님을 잊지 않고 기억하는 순수한 우리 제자들에게 따뜻한 무엇을 전달해 주고 싶다.

꺾인 고추의 꿈

우리 교실에는 고추와 토마토가 화분에서 자라고 있다. 하지만 교실에 에어컨이 있어서인지 아니면 내가 잘 가꾸지 못해서인지 몰라도 열매를 잘 맺지 못하고 겨우 살아가고 있어 안타까웠다.

그러던 어느 날 고추 한 개가 열려서 자라기 시작하더니 빨갛게 익기 시작했다. 나는 아이들에게 고추를 보여주며 우리가 물을 주고 가꾸어 주니 이렇게 예쁜 고추가 열렸다면서 만지지 말고 구경만 하라고 했다.

아이들은 고추를 보며 신기해하기도 하며 관심을 보였다. 그리고 쉬는 시간이 되어 아이들은 화장실도 다녀오고 자유놀이도 하며 고추를 잊은 듯 했다. 하지만 우리 반의 귀염둥이 자폐아이 정규는 고추를 만지며 무엇이 즐거운지 계속 웃고 있었다.

"정규야! 고추만지지 말고~ 떨어지니까 구경만 해라."

"예, 만지지 말고……."

정규는 두 손으로 고추 대를 잡고 있었는데 무엇인가 불안해하는 얼굴이 보였다. 나는 고추가 걱정되어 가까이 가서 보았더니 고추 대는 벌써 꺾여 있었고 정규는 꺾인 고추 대를 다시 연결하려고 노력하고 있었던 것이다. 나는 힘들게 자란 고추 하나를 아이들이 귀하게 여기며 교육적으로 예쁜 마음을 갖길 바랐는데 말이다. 이렇게 고추

대를 꺾어버린 정규에게 꿀밤이라도 주고 싶었지만 다시 연결하려는 모습에 안쓰러움과 계속 고추 대를 붙들고 있는 행동에 나는 웃을 수밖에 없었다.

'간질(경기)장애'란

간질장애는 특수교육법에는 없고 「장애인복지법」에는 있는 장애영역이다. 정의를 보면 '간질에 의한 뇌신경세포의 장애로 인하여 일상생활이나 사회생활에 상당히 제약을 받아 다른 사람의 도움이 필요한 사람'이라고 하였다. 이 간질은 '경기' 또는 '발작'이라고도 하는데 사람에 따라 간질의 강도나 횟수 등에 많은 차이가 있다. 어떤 사람은 평생 한두 번 정도하는 경우 또는 몇 년 만에 한두 번 정도하는 경우가 있고 하루에도 여러 번씩 자주하는 경우도 있다.

그러면 간질은 과연 왜 일어나는 것일까? 간질은 뇌의 손상된 부분에서 신경에너지가 과다하게 방출되면서 표면으로 나타나는 증세이며, 뇌의 기능장애에 따라 발작증상을 나타낸다고 할 수 있다. 간질의 출현율은 미국의 경우 0.5~2.0%이고, 두 가지 이상의 장애를 갖고 있는 중복장애인의 경우는 31%이며, 특히 뇌성마비인 경우에는 35%나 되는 높은 출현율을 보이고 있다. 간질의 형태별로 종류를 나누어 보면 대발작, 소발작, 기타 전신발작, 정신운동발작, 잭슨형 발작, 감각자극에 의한 발작, 가성발작으로 나누어 볼 수 있다.

대발작인 경우는 약 5분 이상을 의식을 잃고 쓰러지며 몸이 굳어지는데 발작 후에 발작을 기억하지 못하고 매우 혼란스럽고 피곤해 한다. 소발작인 경우는 어린 아이에게 많이 나타나는데 보통

5~30초 정도의 짧은 시간동안 의식을 잃는다. 의자에 앉아서 잠시 멍한 상태로 꼼짝을 하지 않고 있는 것이 특징이라고 할 수 있다. 기타 전신발작은 앞의 경우와 다른 경우로 근육이 경직되는 것이 아니라 이완되어 나타나는 경우 등을 들 수 있다. 정신운동발작은 발작이 일어나기 직전 행동적 · 정서적 상태에 변화가 생기는데 냄새, 맛, 색깔 혹은 소리 등이 생생하게 상상될 수 있으며 기계적인 반응을 하며 발작한다.

잭슨형 발작은 의식에는 변화가 없지만 손가락이나 발가락 등에 경련이 나타나는 경우다. 감각자극에 의한 발작은 시각이나 청각에 의해서 자극을 받아 발작을 일으키는 것이다. 즉, 깜박이는 불빛이나 헤드라이트 등에 의해서 또는 누가 소리를 질러서 발작을 하는 경우다. 가성발작인 경우 병인은 다른데 발작과 비슷한 형태를 보이는 경우다.

이렇게 간질에도 여러 형태가 있으나 그런 모습에 무서워하거나 무조건 피하려는 생각보다 어떻게 돕고 대처해야 하는 것인가 알아두면 좋다.

간질의 예방과 대처

　　장애아이들이 있는 시설이나 특수학교의 어린 아이들 가운데에는 간질을 하는 친구들이 많다. 어떤 아이는 복도에서 갑자기 대발작을 하여 지나가다가 깜짝 놀라는 경우도 있고 교실에서 수업 중에 고개를 푹 숙이고 잠을 자듯이 발작을 하는 경우도 있다. 어떤 친구는 아무도 모르게 눈을 깜빡깜빡하며 짧게 하는 경우나 손발을 바르르 떨며 하는 경우도 있다.

　　이렇게 발작한 후에는 심한 피로감과 졸음이 오는 경우가 많은데 간질에서 가장 심각한 것은 후유증으로 뇌세포가 파괴되어 어떤 교육으로도 회복시킬 수 없다는 것이다. 또한 위험한 계단이나 자전거 이용 시, 물가 등에서 발작을 한다면 생명에도 위급한 상황에 처하게 되는 것이다. 그래서 간질은 무엇보다 예방을 먼저 해야 한다.

　　예방과 처치방법은 다음과 같다.

　　첫째, 약물을 들 수 있다. 약물은 대부분 진정제 종류로 투여되는데 의사와 약사의 정확한 진단과 지시에 따라야 한다.

　　둘째, 수술하는 방법이 있는데 병변이 있는 뇌를 제거하는 수술법이라 너무 위험하고 특정한 사람을 제외하고는 잘 사용하지 않는다.

　　셋째, 행동치료 방법인데 간질을 시작하기 전에 어떤 행동을 보이는 경우나 간질이 환경적인 원인일 때, 자기유발적인 발작인 경우에 그 행동을 체계적 감감법을 이용하여 미리 예방할 수 있는 방법이다.

넷째, 식이요법인데 식품의 어떤 성분이 발작을 유도하는 경우나 영양성분을 조절할 필요성이 있을 때, 약품에 부작용이 있을 때 사용하는 방법이다. 물론 이러한 경우는 영양사의 도움이 필요하다.

간질에 대한 응급처치는 상황에 따라 다르나 대발작인 경우 우선 평평하고 따뜻한 곳으로 옮기고 방석 등으로 머리 부분을 받쳐준 다음 고개를 약간 옆으로 돌려 혀나 이물질이 기도를 막는 것을 예방해 주어야 한다. 그리고 환자의 허리띠 등을 느슨하게 해 주며 주위의 위험 요소를 없애 주어야 한다. 또한 발작 중에 구토나 혀로 기도가 막히지 않는지 살피고 입에 손가락이나 음식물을 넣어서는 안 된다. 완전히 의식이 회복되면 간단한 음료를 주고 휴식을 취하게 하는 것이 좋다.

발작이 5분 이상 지속되거나 호흡이 중단되는 경우(인공호흡필요), 심한 상처를 입었을 경우, 전에 간질이 없었던 아동일 때는 의료적인 도움이 필요하다. 그러나 그렇지 않은 경우는 크게 걱정하지 않아도 회복이 된다.

오직 한 길 38년

얼마 전에 학교 체육관에서 교감 선생님의 정년퇴임식이 있었다. 교감 선생님의 교육경력은 38년이나 되었는데 젊은 우리들이 생각하기에는 아주 멀고 많게 느껴지는 세월이었다. 하지만 퇴임하시는 선생님의 말씀을 들어보면 세월이 너무 빨리 지나가기에 길게 느껴지지 않았다고 하였다. 대부분의 세월을 장애학생들을 가르치는 일들로 보내면서 지치거나 지루하지 않게 삶을 꾸려 오신 것이 부러움으로 다가 왔다.

한 나무가 자라서 주변에 큰 응달을 만들어 줄 수 있다는 것은 그동안 수많은 가뭄과 홍수, 비바람과 눈을 맞으며 모진 세월을 견딘 덕분이다. 퇴직하시는 교감 선생님의 38년 교직인생은 아마도 척박한 예전의 교육현실에서 지금까지 견디어 오신 위대함의 산물이고 우리가 나가야 할 방향을 알려 주는 것이다.

퇴임을 맞아 이제 교육의 장에서 떠나시는 모습을 보며 아쉬움이 많이 남기도 하였다. 그리고 나는 어떻게 퇴임을 준비해야 할까? 세월이 많이 남았는데? 하지만 교사로 있으면서 성실함과 교육에 대한 열정을 잊지 말자는 생각이 들었다. 그리고 나도 후회 없는 노후를 위해 무엇인가 준비를 해야 할 것 같았다. 오늘은 고민이 조금 된다!

묶인 의자

장애아이들이 주로 생활하고 있는 교실의 모습을 관찰해 보면 아이들이 자기 나름대로 좋아하는 행동을 즐기는 것을 알 수 있다. 어떤 아이는 고개를 좌우로 흔들며 이곳저곳을 쳐다 보는 모습이고, 어떤 아이는 손에 연필이나 작은 도구를 가지고 계속적으로 흔드는 모습도 있다.

그런데 오늘의 주인공인 혁이는 의자를 뒤로 밀었다가 다시 앞으로 오는 행동을 수업 중에도 반복적으로 하는 것이다. 수업 중에 왔다갔다하므로 주의가 산만해지고 다른 아이들에게도 피해를 주는 행동이어서 하지 말라고 타일러 주었지만 그때뿐이었다.

혁이는 의자를 뒤로 쑥 빼었다가 다시 앞으로 오는 행동을 즐기는 것이므로 그 행동을 멈추지 않았고 교실의 바닥은 이미 의자에 긁힌 자국투성이가 되었다. 그래서 최후의 수단으로 의자와 책상을 끈으로 묶어 주었다.

물론 효과는 만점이었다. 혁이가 의자를 밀며 뒤로 가려고 해도 책상이 움직이니 갈 수 없었다. 교사로서 학생들이 말로 지시할 때 잘 따라주면 좋겠지만 때로는 환경을 바꾸기도 해야 하고 학생을 물리적으로 제압(?)해야 하는 상황도 자주 벌어진다. 다행스럽게도 혁이는 끈 하나로 문제행동이 사라질 수 있어 좋았다.

주먹밥 만들기

　　햇반, 김, 소금, 참기름, 깨소금을 준비하여 아이들과 주먹밥 만들기를 하였다.

　　먼저 햇반을 끓는 물에 데우고 큰 그릇에 밥과 양념을 모두 넣어 섞은 후에 위생장갑을 끼고 사정없이 밥을 뭉치면 되는 간단한 요리다.

　　아이들은 고소한 냄새가 진동하는 요리여서인지 기대감으로 장갑을 끼우고 주먹밥을 만들 준비를 하였다. 그런데 막상 아이들에게 밥을 뭉쳐보라고 하자 생각보다 잘 뭉치지 못하였다. 어떤 아이는 밥알 만지는 것 자체를 피하려고 하였고 어떤 아이는 그냥 먹으려고만 하였다. 그래서 모양은 잘 나오지 않았지만 아이들이 만든 주먹밥을 더욱 동그랗게 하여 개인별로 나누어 주고 음료수와 먹도록 하였다.

　　기분이 좋은 듯 흥얼거리며 먹는 아이의 모습을 보니 교사도 기분이 좋았다. 어떤 아이는 반찬도 없이 어떻게 먹느냐는 듯이 맛만 겨우 보는 경우도 있었지만 대부분의 아이들은 주먹밥을 좋아하였다.

　　나중에 우리 아이들이 커서 집에 있는 밥으로 주먹밥이라도 스스로 만들어 먹을 수 있다면 얼마나 좋을까 하는 생각을 하며 참기름 냄새 진동하는 고소한 교실에서 수업을 마쳤다.

맛있는 것 아끼기

오늘은 학교에서 점심으로 비빔밥이 나왔다. 그리고 식후에 먹으라고 사과도 배급되었다. 우리 반 아이들은 식당에서 비빔밥과 사과를 모두 먹고는 교실로 가려고 했다. 그런데 우리 반의 한 아이가 사과를 먹지 않고 한 손에 계속 들고 있는 모습이 보였다.

"희숙아, 사과 먹기 싫으면 버리고 와야지, 빨리 버리고 와!"

아이들이 먹기 싫은 것을 주면 입에 물고 있거나 그냥 손에 들고 있는 모습들이 많기에 나는 버리고 오라고 했다. 그 말을 들은 희숙이는 깜짝 놀란 얼굴이 되었다. 그리고 가지고 있던 사과조각을 마구 입에 넣기 시작했다. 하지만 사과 크기가 너무 커서 씹지도 못하고 있었다.

희숙이는 사과가 너무 맛있어서 남겨두었다가 아껴 먹으려고 했는데 그 마음도 모르고 선생님이 버리라고 했으니 빨리 먹어 치우려는 것이었다. "알았어. 천천히 먹고 가자!" 교사가 웃으며 말하자 희숙이는 놀란 가슴을 쓸어내리며 환한 얼굴이 되어 사과를 천천히 먹었다.

보통 충동성이 강한 자폐성 장애아이들은 맛있는 것이 있으면 먼저 집중적으로 그것만을 먹으려고 한다. 또한 편식도 많이 하는 편이어서 주로 고기류와 인스턴트 음식을 좋아하는 경우가 참 많다. 하지만 희숙이는 정신지체 아이로 좋은 것이나 맛있는 것을 아껴 먹는 모습을 보이는 것이다. 오늘 희숙이가 어떻게 보면 아이답고 순수한 인간적인 모습을 보여 주는 것 같아 웃음이 나왔다.

운동회와 달리기

    지난 금요일에는 학교에서 가을 운동회가 열렸다. 가을철에 하는 운동회는 다른 계절에 하는 것보다 더욱 풍성하고 분위기가 더욱 살아나는 것 같다. 운동회가 시작되기 전에 운동장을 보니 잔디에는 이슬이 촉촉하게 내렸고 만국기 아래로 빨간 고추잠자리 여러 마리가 떼를 지어 지그재그로 날아다니는 모습이 보기 좋았다.

    학교에서 운동회하면 여러 프로그램이 있겠지만 해마다 장애가 있는 우리 아이들과 고난도의 기술이나 연습을 요하는 경기는 갈수록 어려움이 생기는 것을 느낀다. 하지만 그래도 운동회하면 빼놓을 수 없는 경기가 몇 개 있다. 그것은 단거리 달리기와 두 팀이 나뉘어

서 달리는 계주, 오재미를 던져서 터트리는 바구니 터트리기. 홍백 팀이 나뉘어서 하는 줄다리기다.

올해 운동회에서 내가 진행을 주로 맡는 경기는 단거리 달리기였다. 유ㆍ초ㆍ중ㆍ고의 대부분 학생들이 달리기를 했는데 유독 경쟁심을 많이 보이는 팀은 유치원 아이들과 그 어머니들의 경기다. 체격은 제일 작지만 경기의 흐름을 알고 진행자의 깃발과 호루라기 소리에 맞추어 튀어나가는 모습이 너무 진지하고 예쁜 모습이다. 또한 제일 젊은 학부모로서 학창시절의 추억이 제일 생생할 것 같은 유치원의 어머니들도 아이들과 똑같이 일등하려고 달리는 모습이다.

단거리 달리기를 진행하다 보니 우리 아이들의 달리는 모습이 참 다양하다. 어떤 아이들은 교사가 뒤에서 계속 뛰라고 소리치며 몰

그림 이수복

211

고 가니 겨우 결승선에 간다. 또 어떤 아이들은 달리다 말고 중간에 다른 곳으로 달려가서 다시 잡아와야 하는 상황이다. 또 어떤 아이들은 경보인지 꼴찌하기 경쟁인지 서로 늦게 가려고 하여 교사의 마음을 조급하게 만든다.

그래도 제일 좋은 것은 두 명이 뛰는 달리기이고 일등은 손등에 1등 도장을, 꼴찌도 손등에는 2등 도장이 찍히고 모두 상품이 있다는 것이다. 이 세상의 모든 장애아이들이 못하는 것으로 눈치받기보다 열심히 하는 모습으로 인정받고 웃음 받는 세상이길 바란다.

종이를 자꾸 찢는 아이

장애아이들이 보여 주는 부적응 행동은 참으로 다양하게 나타난다. 그런 모습은 여러 가지로 나타나도 그 원인은 의외로 단순한 경우가 많다. 물론 자신의 행동에 대하여 원인과 이유를 말하는 경우가 많지 않기 때문에 안타깝지만 확인하기는 어렵다. 전에 자꾸 휴지를 찢어서 교실 바닥에 버리는 예쁜 정신지체 여자아이가 있었다. 이 아이는 휴지만 보이면 자기자리로 가져가서 찢고 자신의 주위를 하얀 휴지들의 세상으로 만들곤 하였다.

어느 날 교사가 옆에 있는데도 교탁 위의 휴지를 가져가려고 했다. 교사는 휴지를 찢는 손등을 툭 치며 "안 돼! 휴지를 찢어 버리면 나쁜 사람이야."라고 했다. 갑자기 손등을 한 대 맞은 이 아이는 자기 자리에 가서 앉았다. 말을 전혀 하지 못하는 이 아이는 교사의 얼굴을 야속하다는 듯 계속하여 쳐다보고 있었다. 맑고 예쁜 눈에서는 눈물이 가득 고였고, 잠시 후 맑은 샘을 떠난 큰 눈물 덩이가 볼을 타고 턱으로 흘러 내렸다. 그리고 눈은 계속 교사를 주시하고 있었다.

'이 아이가 손등을 한 대 맞고 아파서 우는가?' 교사를 쳐다보는 눈에는 악의가 전혀 없었지만 왠지 가만히 있기에는 내가 미안하였다. 그래서 이 아이에게 다가가서 등을 다독거리며 속삭여 주었다. "○○야! 울지 마. 선생님이 널 사랑해."

잠시 후 이 아이의 눈물은 보이지 않았고 천사를 울게 한 것 같아 미안한 마음이 들었다. 주변에서 휴지나 종이를 자꾸 찢는 장애아이들의 행동에 대하여 그 이유나 원인을 아이입장에서 잠시 생각해 보았다.

　　첫째, 휴지나 종이를 찢는 것은 재미있는 놀이다.

　　휴지나 종이를 찢으면서 느끼는 소리와 감촉이 너무 좋고 특히 휴지를 찢어서 주변에 뿌리거나 늘어놓는 것은 한 겨울에 함박눈을 맞는 강아지 마냥 기분 좋은 모습이 아닐까 한다.

　　둘째, 습관적으로 종이나 휴지를 찢는 것이다. 이런 아이들은 알림장이나 교과서 또는 노트를 찢어 놓아서 부모님과 교사 모두를 난감하게 만들기도 한다. 이런 아이들의 습관은 시간이 걸려도 그때그때 고쳐주지 않으면 교실이나 사무실에 종이가 남아나기 어려울 것 같다.

　　셋째, 자꾸 하지 말라는 행동에 대한 반발심리로 계속 더 하는 것이다. 우리들도 하지 말라는 것을 할 때 희열을 느낄 때가 있다. 교사가 하지 말라고 소리치고 짜증내고 관심보이는 것이 오히려 행동에 강화가 되어서 아이로 하여금 계속하여 휴지나 종이를 찢게 하는 경우를 생각해 보았다.

　　넷째, 휴지나 종이를 찢는 것과는 상관없는 원인이 있다. 쉽게 말해서 화풀이나 복수심리로 그런 행동을 할 수도 있다는 것이다. 그 행동 전에 무슨 행동을 억지로 시켰다든지 먹기 싫은 것을 자꾸 먹으라고 했다든지 자신의 마음을 상하게 한 것을 그런 모습으로 보여 주는 것이다.

앞의 네 가지 말고도 이유는 다양하게 나타날 수 있겠지만 우리들이 중요한 것은 그런 행동을 바라보는 마음이 아닐까 생각한다. 왜냐하면 그런 행동을 못하게 해야 한다는 생각이 급하다면 당장 여러 가지 방법을 써서 못하게 할 수 있다. 하지만 교사로서 정말 아이를 생각한다면 근본적인 이유를 생각해 볼 수 있을 것이다. 그 문제행동 속에 보이는 중요한 단서를 찾아 해결해 가고 줄여간다면 시간은 좀 더 걸리겠지만 장애아이나 교사 모두가 정말 기뻐할 일이 생길 것이다.

삼겹살 굽기

　　삼겹살 구워먹기 요리활동은 학생들이 할 일은 별로 없으면서 먹기는 제일 많이 먹고 또한 제일 좋아하는 것이다. 준비물이라야 삼겹살, 상추, 양념장, 불판이 있으면 된다. 물론 한 여름에 시원한 정자에 학생들과 둘러앉아서 음료수를 나눠 마시고 포기김치를 구워먹는 맛도 정말 좋다. 어떤 교사는 소주나 맥주가 꼭 있어야 한다고 주장하겠지만 말이다.

　　우리 반에 비만인 학생들이 있지만 그렇다고 삼겹살을 먹지 않을 수는 없다. 마침 학교 텃밭에 상추도 있고 고추도 있어 학생들과 같이 수확하는 작업도 큰 기쁨이 된다. 학생들 가운데는 자신의 배에 삼겹살이 가득 있지만 아직 부족하다는 듯이 익지도 않은 고기를 자꾸 먹으려고 하는 친구도 있다. 또한 상추를 싸서 먹기보다 고기만 먹는 경우도 많아 사실 비만학생들이 걱정이 되기도 한다. 하지만 어쩌란 말인가 삼겹살이 제일 좋은 것을, 입에서 당기고 손이 협조하는데 누가 말린단 말인가.

　　그래도 교사가 김치와 상추를 자꾸 먹으라고 하면 학생들은 잘 따르는 편이다. 아마 집에서 엄마가 말하면 싫다고 할지 몰라도 교사의 말은 잘 들어 주기 때문에 이런 기회에 고기는 야채와 먹어야 한다는 식생활 습관을 들여 주는 것이 좋겠다.

우리 반의 두 아이는 배가 많이 나왔고 고기도 무척 좋아한다. 그중 다운 증후군 학생은 비록 몸이 빈약해 보여도 고기 먹는데 누구보다 뒤지지 않고 잘 먹는 미소가 예쁜 빙그레 학생이다.

초등학교에서 함께해요

　나는 많은 세월을 국립 특수학교인 한국선진학교와 한국경진학교에서 지적장애아이들과 발달장애아이들을 중심으로 교육하였다. 그러한 과정에서 특수교육의 성공은 장애학생들의 학교통합교육과 사회통합교육에 달려있다는 생각을 하였다. 즉, 학교에서부터 통합교육이 잘 되어야 사회에 나가서 독립할 수 있는 토대가 된다는 것이다.

　그러나 우리의 교육 현실은 너무도 힘들고 어렵다. 특히 일반학교에서 일반학급이나 특수학급 모두 장애학생을 두고 어떻게 도와야 하는지에 대한 고민이 많다. 그러한 상황에서 나도 그러한 고민 속에 빠져서 상황이라도 제대로 알아야겠다는 생각이다. 일반학생들이 다니는 초등학교에서 장애학생들을 어떻게 도와야 통합이 잘되고 서로 잘 이해하며, 어떤 교육이 서로 다른 부분에 대한 배려가 깃든 학교 문화가 형성될까 고심한다. 일반교사든 특수교사든 학교에 출근하면 바쁘게 생활을 한다. 수업 그 자체로도 바쁘고 준비하기 쉽지가 않을 텐데 수업 외의 일도 많아 모두가 더욱 여유가 없다. 공문서처리도 많고 교육 관련 부서별 지원업무들도 많다. 물론 특수학교도 일반학교와 마찬가지로 일이 많다.

　이제 일반초등학교에서 통합교육을 위해 더욱 고민을 해야겠다. 그리고 실천을 해야 하고 그것은 나 혼자가 아닌 모든 선생님들과 학생들과 함께 하고자 한다. 그리고 세월이 가면 한 발이라도 더 앞으로 나가고 한 뼘이라도 더 자라있는 통합교육을 볼 수 있지 않을까?

'긍정적 행동지원(PBS)'이란

긍정적 행동지원은 최근 교육이론 중에 많이 회자되고 학교현장에서도 가끔 들을 수 있는 용어다. 장애학생들의 문제행동에 대하여 어떻게 접근할 것인가에 대한 고민에서 출발한다고 할 수 있다.

긍정적 행동지원(Positive Behavior Support)은 인간 존엄성을 바탕으로 장애학생의 문제행동을 감소시키고 예방한다. 그리고 장애학생에게 있어서 꼭 필요한 사회적·학습적 성과를 달성할 수 있도록 지원하는 체계적이고 종합적인 개별화 전략이다. 그래서 학교차원에서 접근하거나 지역사회에서 확대하여 접근이 가능하다고 할 수 있다. 그것은 학생들의 문제행동에 대하여 기존의 행동수정이라는 측면에서 접근하는 것보다 더 포괄적이고 예방이라는 것에 초점이 있다.

학생들이 생활하는 환경에서 교사뿐만 아니라 가족과 주변인도 같이 참여하기 때문에 전체적인 협조와 때로는 체제를 바꾸어야 하는 번거로움도 생길 수 있다. 하지만 장애학생의 입장에서 보면 직접적인 방법보다 간접적이고 환경적인 접근을 많이 하기 때문에 생활 속에서 거부감이 적을 수 있다.

긍정적 행동지원은 좋은 프로그램이라고 할 수 있으나 우리나라의 학교 현장에서 쉽게 적용하지는 못하고 있다. 왜냐하면 학교 구성원들의 인식도 필요하고 학교체제적인 접근을 위한 협조도 쉽지 않기 때문이다. 물론 지역사회로 확장시키는 작업은 더욱 어려운 과제라고 할 수 있다.

그렇지만 긍정적 행동지원을 학급단위에서 교사의 의지에 따라 가능한 부분을 적용해 가는 것도 큰 의미가 있다. 행동수정에서 사용하는 방법과 구체적인 기법을 모두 배제시키는 것은 아니기 때문이다.

할머니와 사탕

아침에 등교하는 학생들 속에서 종종 진희를 발견하게 된다. 할머니와 나란히 학교에 들어오는 진희와 할머니를 보면 마음이 짠해지곤 한다. 다른 아이들 같으면 부모의 사랑을 듬뿍 받으며 자랄 시기인데 진희는 부모가 아닌 할머니의 사랑으로 생활한다. 진희의 할머니는 연세가 많으시고 다리가 불편하시다. 그래서 날마다 물리치료를 받으러 병원에도 다니신다. 또한 진희도 자주 배가 아프다고 하며 결석을 자주한다.

진희는 그동안 결석이 너무 많아 2년을 유급하고 다시 동생들과 1학년으로 학교를 다니고 있다. 그리고 진희는 주로 3교시를 마치면 할머니가 데리러 오신다. 학교에서 점심도 먹고 천천히 갈 수 있도록 말씀을 드리면 할머니는 자신도 병원에 가야 하고 진희도 힘들어 하기 때문에 어쩔 수 없다는 것이다.

할머니는 날마다 진희를 데리러 교실에 오시면 공손하게 고개를 숙여 "선생님, 고생이 많으세요."라며 인사를 하신다. 그리고 헐렁한 몸뻬 바지에서 껌을 꺼내 주시며 다시 90도로 고개 숙여 인사하시고는 되돌아 가신다. 물론 받지 않으려고 해도 나의 손을 잡고 쥐어주시듯 작은 간식거리를 주시곤 한다.

선물은 날마다 바뀐다. 처음에는 껌 3개, 그 다음 날은 박하사탕

4개, 어느 날은 홍삼사탕 3개, 가끔은 껌 한통을 주시기도 하고 엿을 주시기도 한다. 지난 스승의 날 즈음에는 포장이 되지 않은 손수건을 주시고 가셨다.

진희할머니의 작은 정성이 책상 서랍에 쌓여 간다. 아이들에게 자주 주기도 하지만 그래도 항상 몇 개는 있다. 이 사랑을 어떻게 갚아야 할지 작은 고민이 시작된다.

주사위와 가감산 놀이

　학급에서 학생들과 같이 주사위 놀이를 가끔 한다. 그때 이용하는 주사위는 두 손으로 들어서 교실바닥에 던지는 큰 주사위가 쓰인다. 주사위 놀이를 통해 게임을 하면 학생들은 금방 신나고 즐거운 얼굴로 바뀐다.

　하지만 게임이 끝나고 다시 국어, 수학 등의 학습을 하려고 하면 왠지 조용해지는 분위기를 느낄 수 있다. 학습 도움반에 오는 자신들의 약점이 이런 공부인데 틈만 나면 공부하자는 교사를 어떻게 생각할까? 그래서 가능하면 즐겁고 재미있게 학생들이 학습을 할 수 있도록 노력하고 있는데 여러 가지로 쉽지가 않다.

　오늘은 작은 주사위 2개를 이용하여 덧셈과 뺄셈을 하며 게임하기로 하였다. 학생들은 "아싸! 신난다!" 하며 게임을 시작하였다. 먼저 주사위 2개의 숫자가 12까지 나오도록 하였다. 그리고 자신이 던진 주사위는 자신이 숫자를 계산해야 하고 만약에 옆에서 다른 친구가 미리 말을 하거나 도와주면 그 학생은 벌칙으로 1번 쉬기를 하였다.

　상욱이가 주사위 두 개를 던지고 큰 수에서 작은 수를 빼느라 두 손의 손가락으로 열심히 계산을 하고 있는데 옆에서 보고 있던 민우는 미리 계산을 하고 말을 하고 싶어서 안달이 났다. 가끔 다른 친구의 답을 미리 말을 하여 벌칙을 받기도 했지만 힘들어도 참고 기다려 주고 있었다. 이렇게 주사위 게임을 하며 뺄셈과 덧셈을 다 같이 공부하다 보니 한 시간이 금방 지나가고 종이 울렸다.

계속하자는 아이들에게 쉬는 시간에는 쉬자고 하며 교사 자리에 와서 앉으니 계산은 빠르나 게임에 진 민우의 얼굴이 들어왔다. 자신은 계산이 빠른데 게임은 진 것에 대해 약간 화가 난 얼굴이었다. 또한 자신이 빨리 계산하여 자랑하고 싶은데 말을 못하게 하는 것도 참기가 쉽지 않는가 보다.

그래도 학습 도움반에 오는 것을 행복해하고 열심히 공부하며 마치면 큰 소리로 인사하고 돌아가는 학생들의 모습이 정겹다. '애들아! 내일도 열심히 공부하자. 화이팅!'

한통연 선생님의 열정

　내가 운영에 참여하는 단체가 있는데 그 단체는 한국통합교육연구회라는 곳이다. 이번에 우리나라 통합교육을 생각하며 몇몇 선생님들과 함께 힘을 모아 『아하! 통합학급』이란 책을 냈다. 이 책머리에 소개했던 글을 같이 나누고자 한다.

　일반학교에서 통합교육의 성공은 수많은 장애학생들과 일반학생들에게 꿈과 희망을 주고 교사들에게 보람을 줄 수 있다. 특히 교육공동체 안에서 서로 부대끼며 서로에 대해 이해하고 상황을 받아들이면서 함께 성장할 수 있도록 하는 통합교육은 21세기를 살아가는데 필요한 최고의 미덕이라고 할 수 있는 '배려'를 생활 속에서 실천할 수 있게 하는 것이다.

　하지만 지금의 교육현장에서의 통합교육은 모든 제도적인 장치를 완벽하게 갖추어 놓고 시작했다기 보다는 세계적인 흐름과 학부모들의 열망에 의해 어쩔 수 없이 했다고 해도 과언이 아니다. 그리고 고학년으로 갈수록 학교는 입시위주의 교실상황으로 바뀌고 갈수록 통합교육은 너무도 어렵고 난해한 문제가 많이 발생하고 있다. 그럼에도 모든 짐들을 교사와 학생들에게 떠 넘기고 잘해 보라고 하는 것 같아 현장의 교사로서 마음이 아프다.

　10여 년 가까이 몇몇 뜻있는 교사들이 모여 한국통합교육연구

회를 결성하고 홈페이지를 개설하며 수많은 교사들과 회원들에게 통합교육을 지원할 수 있는 자료를 제공하였다. 그 자료들은 대학원이나 대학에서 학문적으로 쓰여진 논문이나 학술지의 발표 내용이었다. 자료를 제공한 이유는 공부하는 대학생, 일반 대학원생 그리고 교사가 대학원에서 공부할 때 학문적으로 도움을 주면 통합교육이 조금이라도 더 발전하지 않을까 하는 생각이었다.

하지만 통합교육의 현장에서 수많은 교사들의 의견을 들어보니 정말 필요한 것은 그런 학문적인 내용이 아니라는 것을 알았다. 좀 더 현실적이고 실제적인 내용으로 도움을 주지 않으면 통합교육의 현장에서 교사나 학생 모두 상처투성이가 되고 말 것 같았다. 그래서 회원들의 뜻을 모아 학문적이지 않은 내용으로 도움을 주고자 하였는데 그 작업이 만만치 않았다. 일부기관에서 연구비를 제공하겠다는 의사도 전달받았으나 나름대로 까다로운 조건들이 많았다.

결국 연구회에서는 외부의 도움을 받지 말고 우리의 힘으로 이 작업을 하기로 하였고 일정금액을 각출하여 연구비를 조성하였다. 이 연구비는 현장의 생생한 목소리를 듣기 위한 수기 공모의 사례금으로, 시중에 나와 있는 각종 책자들을 사서 읽으면서 공부하는 것에, 현장에 가장 필요한 내용들에 대한 수많은 회의와 원고를 집필하는 데 사용하였다. 회의 중에 어느 일반교사는 "휴우~ 통합학급"이라며 한숨 소리를 내었고 우리들은 그 한숨 소리를 바꾸자며 책 제목을 『아하! 통합학급』이라고 하였다.

통합교육은 결코 쉽지만은 않다. 그렇다고 꼭 힘들고 어렵기만 하는 것도 아니다. 모든 이들을 위한 교육 그리고 평등한 교육기회라는 당위성 앞에서 통합교육은 이제 더 이상 제도가 완벽하게 갖추어지지 않았다며 힘들다고 불평만 할 수도 없다. 그렇다고 제도가 완벽해 질 때까지 기다릴 수도, 내가 아닌 다른 누군가 하겠지 하며 떠넘길 수도 없다.

어느 교사든 '내가 맡을 학급에는 장애학생들이 절대 들어오지 않을 것이다.'라고 말할 수 없다. 이제 우리는 교육현장에서 무엇을 할 것인지를 고민해야 할 시기가 되었다.

교육현장의 모든 선생님들에게 장애학생들을 피하지 않고 문제를 해결할 수 있는 방법을 알려드리고 싶다. 여기에 참여한 선생님들도 현장에서 당하는 어려움은 비슷하다. 하지만 서로 정보를 공유하고 마음을 나누며 힘을 합한다면 한결 부드러운 통합학급의 교실환경이 될 것이다. 그래서 이 책을 출판과 동시에 한국통합교육연구회 (www.inclusion.co.kr) 자료실에 관련 자료를 함께 올린다. 자료를 출판하기에는 너무 방대하고 어려움이 많기 때문에 통합학급 선생님들이 다운을 받아 사용할 수 있도록 하였다.

그리고 현장의 경력교사로 바쁜 와중에도 모여서 회의하며 의견을 주고 어려움을 기꺼이 나누어 가진 우리 선생님들과 주변에서 이런 책을 써야한다고 주장해 주시고 힘을 주신 많은 분들이 있어 행복하다. 그 분들께 감사의 말씀을 전하고 싶다.

우리 주변에는 없기를

통합교육은 현재 우리나라의 일반교육과 특수교육이 어떤 방향으로 나가야 하는지를 알려 주는 교육이다. 장애아이를 교육하는 목적은 장애아이가 바른 교육을 통하여 장차 성장하여 이 사회에서 자신의 역할을 감당하며 사회의 일원으로 살 수 있도록 하는 것이다. 그러기 위해서는 이 사회에서 성장하고 교육을 받아야 한다. 옛말에 '말은 태어나면 제주도로 보내고 사람은 서울로 보내야 한다.' 라는 말이 대변해 주듯이 장애아동들도 일반사람들 속에서 성장을 해야 한다는 말이다.

그래서 현재 많은 일반유아학교(유치원, 어린이집), 초등학교, 중학교, 고등학교에는 전국적으로 수천 개의 특수학급이 설치되어 있다. 장애아이들이 일반학급에서 가능한 미술, 음악, 체육 등의 수업을 받고 개인차가 큰 수학, 국어 등의 과목은 특수학급에서 부족한 부분을 채우는 과정을 밟고 있는 것이다. 물론 이 특수학급에는 특수교사가 배치되어 있고 장애아이의 수준에 맞추어 교육계획을 구성하여 적용하고 있다.

특수학교와 일반학교의 잦은 교류를 통하여 학생들 간에 서로 돕고 사귀면서 통합교육을 할 수도 있다. 또한 특수학급과 통합학급의 긴밀한 협조를 통하여 내실있는 통합교육을 할 수 있다. 지역사회와 연계하여 통합교육을 할 수도 있다. 이렇게 통합교육은 다양한 형태와 여러 가지 방법들이 많으나 가장 중요한 것은 형태와 방법이 아니다. 장애아이를 받아들이는 사회적인 분위기가 먼저 되어야 하고 우리 개개인이 마음의 문을 열고 그들을 친구로 맞을 수 있는 자세가 필요하다는 것이다.

장애인에 대한 인식이 많이 바뀌었다는 요즘도 분양 아파트 주변에 특수학교나 장애인 복지관이 세워지는 것을 꺼리는 모습을 볼 수 있다. 그리고 장애아이가 길거리에 놀고 있으면 전염병자 취급을 하며 자녀 손을 잡고 종종걸음으로 피하고, 장애아이 부모는 전생에 죄를 지었거나 무슨 잘못으로 하나님께 벌을 받아 장애아이를 낳았다고 무의식적으로 생각하고, 마음으로는 불쌍한 장애인이라고 생각하나 그들 앞에선 우쭐거리며 우월감을 갖고 잘난 척하는 사람이 우리 주변에는 없기를 기대해 본다.

'행동수정'이란

행동수정(behavior modification)은 교육현장에서 전통적으로 많이 사용되고 있는 방법이다. 물론 일부에서 비인간적인 요소가 있다는 비판을 하기도 하지만 효과가 탁월하고, 쉽게 접근 가능한 방법이며, 가정과 학교뿐만 아니라 사회 곳곳에서 활용되고 있다.

예를 들면, 학교에서 교사들이 칭찬용으로 학생들에게 주는 스티커, 떠들거나 수업을 방해했을 때 교실 뒤로 나가게 하는 타임아웃 방법, 교칙을 어겼을 때 주는 벌 등이 여기에 해당한다. 사회적으로는 자동차를 운전하다가 신호위반을 했을 때 발부되는 벌금스티커, 공공요금 할증제도, 범죄자의 수감이나 처벌, 국가나 학교에서 실시하는 각종 포상제도를 들 수 있다.

행동수정은 관찰 가능한 행동을 변화시키기 위하여 행동과학의 방법과 그 실험결과를 토대로 조직적으로 응용한 것이며 일부에서는 행동요법이라고도 한다. 인간의 어떤 행동은, 첫째 행동 전에 환경적 자극이 있었고, 둘째 자극에 대한 반응행동이 있으며, 셋째 그 반응행동에 대한 어떤 강화가 있기에 그 행동은 계속 유지되거나 발생한다는 동기유발의 강화이론에 기초를 둔다.

물론 행동수정에는 바람직한 행동을 증가시키기, 바람직하지 않은 행동을 감소시키기, 바람직하지 않은 행동 수정 또는 소거하기 등이 있으나 결과는 바람직한 행동들을 많이 하도록 하기 위한 것이다. 행동수정의 접근단계를 간단하게 살펴보면 다음과 같다.

첫째, 목표행동을 설정해야 한다. 어떤 행동을 증가시킬 것인가, 감소시킬 것인가, 소거시킬 것인가를 정해야 한다.

둘째, 목표행동을 측정 가능하도록 정확한 기준을 정해야 한다. 그렇지 않으면 감정이나 기분에 의해 행동을 측정하고 판단할 수 있기 때문이다.

셋째, 목표행동을 위해서 사용할 강화법을 정해야 한다. 보상으로 목표행동을 하게 하는 긍정적 강화와 강화를 차단하여 바람직하지 못한 행동을 회피하게 하거나 혐오자극을 제시하는 처벌 등의 방법을 어떻게 적절하게 사용할지도 정해야 한다.

넷째, 프로그램의 효과를 위해 목표행동을 측정해야 한다.

다섯째, 프로그램은 계속적으로 수정 및 보완을 해야 한다. 왜냐하면 같은 칭찬이나 어떤 강화도 시간이 지속되면 효과가 떨어지기 때문이다.

앞의 단계를 살펴보면 참 인간적이지 못한 부분이라는 생각을 지울 수 없다. 그렇지만 가정이나 학교에서 우리들은 체계적이지는 않지만 이런 방법을 자신도 모르게 사용하고 있다. "이것만 하면 장난감을 사 줄게!" "너, 자꾸 그러면 혼난다!" "공부만 잘하면 무엇을 못해 주겠니?"

장애이해 교육

초등학교 일반학급에서 장애이해를 위한 교육을 실시하고 있다. 저학년에서는 '나와 다른 사람에 대한 이해와 대하는 방법'이란 주제로 꼭 장애명을 이야기하지 않아도 우리들은 모두가 서로 다른 부분이 있고, 잘하는 것이 있으며, 반대로 잘 못하는 것도 있다고 말해 준다.

우리들의 모습은 서로 다르지만 다른 모습과 다른 사람이 틀린 사람인 것은 아님을 인식시켜 준다. 그래서 눈의 시력이 떨어져 사물을 잘 볼 수 없는 경우는 안경의 도움을 받아 잘 볼 수 있게 되는 것처럼, 우리 주변의 친구들 가운데 도움이 필요한 학생들이 있음을 인식시켜 준다.

그리고 누구나 도움이 필요한 사람은 도움을 받아야 하는데 우리 학교에서는 도움반에 오는 학생들이 있다고 알려 준다. 학습 도움반에 오는 학생들의 행동을 이해해 주어야 하고 친구들이 돕는 방법을 배워 보자고 의견을 내면 모두들 찬성이다.

고학년에서는 필요에 따라 장애명과 특성도 알려주고, 학교에서 장애학생들의 현실적인 이야기를 많이 해 준다. 또한 장애학생들의 입장과 그 부모의 마음까지 생각해 보게 한다. 고학년으로 갈수록 학습이나 생활에서 장애학생과 일반학생과의 차이가 커서 같이 놀이

하는 것도 쉽지가 않고 학습을 하는 것도 어렵다. 물론 교사가 어떻게 지도하느냐에 따라 가능한 학습활동도 많지만 말이다.

가끔 장애학생의 부적응 행동을 말하며 불만을 얘기하는 일반학생들도 있다. 그래도 장애가 없는 우리가 이해하고 받아들이는 것이 훨씬 쉽지, 때로는 자신도 통제가 되지 않는 장애학생이 우리를 이해하는 것은 더 어렵다고 말해 준다. 교사를 힘들게 하고 요즘 아이들이 어쩌면 그럴 수 있느냐고 표현을 하기도 하지만 아직까지는 초등학교에는 순수한 학생들이 더욱 많다.

통합교육은 힘들고 어려워도 일반학교에서 일반교사와 일반학생들이 적극 나서야 한다. 학교의 현장에 따뜻한 봄바람이 더욱 많이 불어 통합교육의 꽃이 활짝 피는 아름다운 우리나라, 웃음과 배려가 넘치는 교실들이 되길 바란다.

다시 돌려주세요

아이들이 학교에서 공부를 하고 집에 돌아오면 많은 부모들은 공부를 많이 했느냐고 묻곤 한다. 초등학교 저학년 아이를 둔 어느 부모는 공책을 꺼내어 얼마나 필기를 했는지를 점검하기도 한다. 하지만 교육은 그렇게 연필로만 이루어지는 것이 아님을 모르지는 않을 것이다.

특히 많은 장애아이들에게는 노트필기를 하는 것은 그리 중요하지 않다. 우선 그 아이가 자신의 신변처리와 기본적인 사회적 기술을 익혀 스스로의 삶을 꾸려갈 수 있도록 하는 것이 우선이기 때문이다.

전에 근무하던 학교에는 아주 작고 아담한 편의점이 있다. 그 편의점에는 각종 문구류와 아이들이 좋아하는 과자, 사탕 등이 골고루 갖추어져 있어 장애아이들이 그곳에 가서 자신이 원하는 물건을 직접 구입하기도 하였다.

어느 날은 아이들에게 물건 사는 방법을 가르쳐주기 위해 준비물로 1,000원을 가져오도록 했다. 그리고 교실에서 물건을 사는 방법과 계산하는 방법을 학생들과 함께 연습했다.

"여러분! 1,000원을 가지고 초코파이 2개를 사면 400원이니까 600원을 돌려 받아합니다."

그리고 배운 것을 실습하기 위해 편의점에 가서 자신이 좋아하는 것을 골라 사도록 했다.

　우리 반의 현우는 정말로 초코파이가 먹고 싶었는지 조금 전에 배운 대로 초코파이 2개를 사고 1,000원을 내었다(학생들의 편의를 위해 낱개로 판매함). 편의점에 계시던 아주머니는 거스름돈으로 600원을 현우에게 주었다. 하지만 무슨 일인지 현우는 거스름돈을 받지 않았고 초코파이를 주머니에 넣으면서 아주머니에게 다시 1,000원을 달라고 요구하는 것이었다. 현우가 얼마나 집요하게 고집을 피우던지 편의점의 아주머니는 두 손을 들었고 다시 1,000원을 현우에게 돌려주고 말았다. 물론 초코파이를 현우가 내놓을 리 없었다.

　현우는 왜 1,000원을 다시 돌려받아 갔을까? 현우는 무슨 생각을 했기에 그렇게 억지를 부린 것일까? 분명한 이유가 있었다. 그것은 편의점에 오기 전에 교실에서 수업한 것이 원인인데 선생님은 현우가 준비한 1,000원 지폐를 가지고 물건 사는 연습을 하고 다시 현우에게 되돌려주었던 것이다. 현우는 중간의 초코파이 계산법은 잘 몰랐지만 무조건 돈을 다시 되돌려 받아야 하는 것으로 생각했기 때문에 발생한 일이었다.

　교사가 나서서 다시 해결은 했지만, 장애아이의 교육도 실제상황과 같은 철저한 사전 준비와 현장교육이 필요하다는 것을 다시 한번 깨닫게 되었다.

비오는 날의 수학공부

오늘은 출근하는 아침부터 비가 내렸다. 명호는 2교시에 우리 학급에 와서 3교시까지 공부를 하고 가는 날이었다. 대부분 이렇게 흐리고 비 오는 날에는 자폐성 장애아이들이 쉽게 짜증을 내고 공부를 잘 하지 않으려는 모습들을 보인다.

그래도 나는 평소와 같이 명호와 수학공부를 시작하였다. 세 자리 수-두 자리 수로 받아 내림이 있는 문제를 주로 풀었다. 물론 받아 내림과 받아 올림이 없는 셈은 명호가 잘 하는 편이어서 좀 어려운 문제를 푸는 것이었다. 우선 명호에게 5문제만 풀어보자고 하며 문제를 제시하자 받아 내림이 없는 뺄셈은 잘 하였고, 역시나 받아 내림이 있는 수학식 문제는 틀리게 풀었다.

교사가 연습장에 세로식으로 써서 받아 내림 뺄셈을 열심히 설명해 주었는데도 명호는 계속해서 틀리고 있었다. 이번에는 교구를 이용하여 받아 내림의 수만큼 직접 내리며 설명을 해 주었다. 100개짜리 3묶음, 10개짜리 1묶음, 1개짜리 2개를 나열해 놓고 숫자로 읽게 하였다. 명호는 312라고 정확하게 읽었다.

그리고 받아 내림 문제와 연계하여 숫자블록을 직접 받아 내려 놓으며 문제를 풀도록 하였다. 명호는 처음에는 읽는 것에 호기심을 보이더니 서서히 자리이동하며 숫자가 바뀌는 것을 아는 듯하였다.

교사도 덩달아 신이 나서 명호가 미리 풀어서 답을 알고 있는 문제를 활용하여 다시 문제를 풀도록 하였다. 명호는 답을 미리 알고 있었기 때문에 더욱 부담을 가지지 않고 받아 내림식을 풀기 시작하였다.

"그래, 맞았어. 10의 자리에서 1의 자리로 빌려주면 이렇게 하나를 빼야 하고, 받는 1의 자리는 10을 더해야 돼!"

"100의 자리에서 하나를 빌려주면 또 빼주고, 받은 자리에 10을 더해 주어야 해!"

명호는 뺄셈문제지 한 면에 있는 12문제를 모두 풀었다. 그리고 3교시가 끝나는 종이 울렸고 교사는 놀라움과 기쁨으로 명호에게 착한 스티커 1장에 열심히 한 보너스 스티커까지 총 2장을 주었다. 명호도 신이 나서 스티커를 붙이며 해맑게 웃었다.

살다보니 이런 날도 다 있다. 수학문제로만 두 시간 연속으로 자폐아이와 수업을 하다니 참 기분 좋은 날이다. 과연 내일도 명호는 이 분위기를 이어갈 것이지 무척 궁금하고 기다려진다.

저자 소개

전 선 주 지음

강남대학교 특수교육과 학사
대구대학교 교육대학원 석사(특수교육전공)
국립한국경진학교/인천도림초등학교 근무
한국통합교육연구회 회장
현 인천인혜학교 교사

〈주요 저서〉

발달장애유아의 치료인형극(공저, 범한출판사, 2002)
꺼야 꺼야 할꺼야(4쇄, 한국밀알출판사, 2003)
아하! 통합학급(공저, 공동체출판사, 2009)
네잎클로버 편들기(학지사, 2010)

이 수 복 그림

그래픽디자이너
현 서울미술협회회원, 교남학교 교사

〈경력사항〉

Blue Birds전 5회, 경인미술전 2회, 서울미술협회전 4회, 대한민국한
겨레미술대전, 행주미술대전, 세계평화미술대전 2회, 인천미술대전, 서
울미술대상전, 서울현대미술 시드니전 외 다수

〈수상〉

경인미술대전, 대한민국한겨레미술대전, 세계평화미술대전, 인천미술
대전, 서울미술대상전 입선 및 특선 외 다수

네잎클로버 편들기

장애학생들과 함께하는 행복한 교단수필

2010년 8월 20일 1판 1쇄 발행
2012년 3월 20일 1판 2쇄 발행

지은이 • 전선주
그린이 • 이수복
펴낸이 • 김진환
펴낸곳 • (주)**학지사**

　　　　　121-837 서울특별시 마포구 서교동 352-29 마인드월드빌딩 5층
대표전화 • 02)330-5114　　　팩스 • 02)324-2345
등록번호 • 제313-2006-000265호

홈페이지 • http://www.hakjisa.co.kr
커뮤니티 • http://cafe.naver.com/hakjisa

ISBN 978-89-6330-472-4 03370

정가 13,000원

저자와의 협약으로 인지는 생략합니다.
파본은 구입처에서 교환해 드립니다.

이 책을 무단 전재 또는 복제 행위 시 저작권법에 따라 처벌을 받게 됩니다.

인터넷 학술논문 원문 서비스 **뉴논문** www.newnonmun.com